WEISSENSTEINER MINIATUREN
Band 2

Herausgegeben vom Förderverein Weißensteiner Burgkasten
„Rettet das fressende Haus“ e.V.

Barbara von Schnurbein

Mein Junge

Siegfried von Vegesack und Clara Nordström über Gotthard von Vegesack (1923–1944)

edition lichtung

1. Auflage 2018

94234 Viechtach Bahnhofsplatz 2a
www.lichtung-verlag.de

Umschlag Logo: „Der Turm“ von Julia von Schnurbein, 2002
Umschlag Foto: Gotthard von Vegesack 1938,
Vegesack-Archiv Regen
Druck: S-Druck Regensburg
ISBN 978-3-941306-73-8

Die Reihe

Die „Weißensteiner Miniaturen" dokumentieren das Werk des Schriftstellers Siegfried von Vegesack und seiner ersten Frau Clara Nordström. Die Reihe soll unveröffentlichte oder wenig bekannte Texte und Dokumente aus dem Vereinsarchiv bekannt machen sowie das Leben von 1918 bis 1974 im alten Burgturm schildern, dem Fressenden Haus in Weißenstein bei Regen.

Die Themen werden von wechselnden Autoren bearbeitet, Herausgeber ist der Förderverein Weißensteiner Burgkasten, der 1982 unter der Leitung von Heinz Wölfl, dem späteren Bürgermeister und Landrat von Regen, zur „Rettung des fressenden Hauses" gegründet wurde. Anliegen des Vereins ist es, den Turm als kulturellen Treffpunkt und als Begegnungsstätte von Künstlern, Schriftstellern, Musikern und Freunden zu erhalten, wie er es schon zu Vegesacks Zeiten war.

Die Autorin

Barbara von Schnurbein M.A., geboren 1949, studierte Slawistik und Anglistik, arbeitete als Trainerin für Selbstorganisation und Lebensbalance und ist seit 1980 ehrenamtlich im Bildungsbereich tätig. Autorin von „Lernen mit Freude und Erfolg" (2002) und „So schaff ich es" (2003). Seit 2012 ist sie Vorsitzende des Fördervereins Weißensteiner Burgkasten „Rettet das fressende Haus" e.V.

Inhalt

Vorwort

„Nur e i n e n Weg gibt es für mich, e i n Ziel:
So tapfer leben, wie der Junge fiel."

Diese Schlusszeilen des Gedichtes XXXVII stehen fast am Ende des Nachrufs „Mein Junge", den der Schriftsteller Siegfried von Vegesack 1944 innerhalb von zwölf Tagen für seinen gefallenen Sohn Gotthard schrieb. Beim Lesen spürt man die Verzweiflung, die innere Not, die Erklärungsversuche und auch Selbstvorwürfe – eben den ganzen Trauerprozess, den damals so viele Familien erlebten.

Gotthard von Vegesack hatte sich mit 17 Jahren freiwillig zu den Fliegern gemeldet. Weil er aber fürchtete, dass die Ausbildung dort zu lange dauere und der Krieg vorbei sein könnte, ehe er hinaus käme, wechselte er zu den Fallschirmspringern. Erstmals zum Einsatz kam er in Italien beim Kampf um Rom, wie wir aus Versen und Dokumenten erfahren. Dann auch in Frankreich und Elba, aber schließlich wurde er 1943 doch in den Osten verlegt, in die Ukraine, die damals nicht von Russland unterschieden wurde.

Natürlich machte sich auch seine Mutter Clara Nordström Sorgen, zumal sie sich eingestand, dass ihre Begeisterung für die Nationalsozialisten die so frühe Entscheidung Gotthards beeinflusst haben könnte. Die Todesnachricht konnte sie zunächst nicht glauben, ließ aber ihrer Verzweiflung keinen Raum, sondern – wie sie ihr ganzes Leben „durchhielt", versuchte sie auch diesen Verlust zu verarbeiten. Die Leser erleben zwei verschiedene Reaktionen und Bewältigungsversuche.

Das Verhältnis von Gotthard und seiner sechs Jahre älteren Schwester Isabel war – neben den üblichen Geschwistersticheleien – herzlich und vertraut. Allerdings hatte Isabel drei Jahre zuvor geheiratet und hatte schon zwei kleine Kinder, als Gotthard fiel, sodass sie vielleicht trotz der Trauer eher Zukunftsperspektiven sah als die nun alleinstehenden Eltern.

Mit Absicht wurde dieses Thema für Band 2 der Weißensteiner Miniaturen zum 130. Geburtstag von Siegfried von Vegesack am 20. März 2018 gewählt. Die Realschule der Stadt Regen, zu der auch Vegesacks Wohnort Weißenstein gehört, heißt seit 2009 Siegfried-von-Vegesack-Realschule. Sie ist Gastgeber der „Geburtstagsfeier". Die Beschäftigung mit dem Leben, der Begeisterungsfähigkeit, aber auch den Nöten des Namensgebers kann auf vielerlei Weise heutigen jungen Menschen helfen, herauszufinden, wo ihre Stärken liegen, wo sie Hilfe brauchen und wie sie anderen weiterhelfen können. Siegfried von Vegesack war seiner Zeit in mancher Hinsicht voraus: Das zeigten zum Beispiel der Bau eines Windrads und sein Eintreten für ein in Frieden geeintes Europa. Die verschiedenen Projekte, die von den Schülerinnen und Schülern bearbeitet wurden, bezeugen die Vielseitigkeit möglicher Themen. Darüber hinaus gilt: Tapferkeit, Ritterlichkeit, Ehrlichkeit, Menschlichkeit und Weltoffenheit waren Tugenden, die für Siegfried von Vegesack einen hohen Stellenwert hatten, und die auch unserer modernen Gesellschaft gut tun.

Finkenried, Frühjahr 2018
Barbara von Schnurbein

Gotthard mit seiner Mutter Clara am Turm, ca. 1928

Teil 1

Siegfried von Vegesack

MEIN JUNGE

Ein Nachruf

Geschrieben in Weißenstein
vom 4. bis 15. Juni 1944

DEM ANDENKEN
MEINES SOHNES
GOTTHARD

Geboren am 15. 9. 1923
Gefallen am 31. 3. 1944[1]

ALLEN MÜTTERN UND ALLEN VÄTERN
ALLER VÖLKER,
DIE IHRE SÖHNE VERLOREN.

1 30.3.1944 laut Brief an Clara Nordström vom 3.5.1944 – gestempelt Luftgaupostamt Breslau – und Auskunft der Deutschen Dienststelle (WASt), 13400 Berlin an Dr. Friedrich Koch am 22. Juni 2015.

I.

Noch kann das Furchtbare ich nicht begreifen:
daß ich dich nie mehr sehen soll,
nie deine Stimme hören, nie dein Lachen, das so voll
von Leben war,
nie in dein Haar,
in deine blonde Löwenmähne greifen ...

Die Blüte brach.
Und keine Frucht wird reifen.

II.

Verschont mich mit dem großen Wort
vom „Feld der Ehre“ und vom „Heldentod“.[2]
Was können mir die großen Worte geben?
Mein Junge fiel. Und nie mehr wird er leben.
Was hilft mir auch der schönste Heldentod?
Mein Junge fiel. Und für mich ist es Mord.

Die Ähre sank. Der Samen ist verdorrt.
Und aus der toten Saat wird sich kein Korn erheben.
Auf eurem Feld der Ehre wächst kein Brot,
kein Leben.
Nur der Tod.

---

2 Möglicherweise bezieht sich diese Zeile auf den Brief vom 3. Mai 1944, mit dem Clara Nordström vom Tod ihres Sohnes informiert wurde (siehe nächste Seite).

Georg H e l w i g
Feldwebel u. Hauptfeldwebel Dtr.
L 52 534 Luftgaupostamt Breslau.

O.U., den 3. Mai 1944

Sehr verehrte Frau Nordström!

Durch Ausfall des Kompanieführers ist mir die schwere Pflicht zuteil geworden, Sie von dem Heldentod Ihres lieben Sohnes, des Obergefreiten Gotthard von Vegesack in Kenntnis zu setzen.

Bei der Abwehr eines russischen Angriffs auf die Ortschaft Ananjew, 10 km südlich Pedrowka, (Südrussland) wurde Ihr lieber Sohn durch Kopfschuss schwer verwundet und ist wenige Stunden später, ohne das Bewusstsein wiedererlangt zu haben, am 30. März 1944 auf dem Hauptverbandsplatz verstorben. Er hat nicht gelitten. Wir haben ihn bei Ananjew zur letzten Ruhe gebettet.

Gotthard war uns allen ein sehr lieber Kamerad und ein tapferer und unerschrockener Soldat, dessen Verlust in den Reihen der Kompanie schmerzlich empfunden wird. Ihrem lieben Sohn wird die Kompanie stets ein ehrendes Andenken bewahren. Ich spreche Ihnen zugleich im Namen der Kompanie meine wärmste Anteilnahme aus. Möge Sie das Bewusstsein trösten, daß Gotthard für eine gerechte Sache, für die Grösse und die Zukunft unserer geliebten deutschen Heimat sein Letztes gegeben hat.

In aufrichtiger Anteilnahme verbleibe ich

Ihr

Georg Helwig

III.

Und dennoch muß ein Sinn sein, daß er fiel.
Denn jeder Weg, auch wenn wir ihn nicht kennen,
und niemand den Ort kann nennen,
zu dem er führt,
hat doch ein Ziel
und einen tiefverborgnen Sinn,
den auch der Blinde spürt,
wenn ihn ein Hauch der Ewigkeit berührt.
Nur wissen wir noch nicht, wohin
der Weg uns führt.

Und immer wieder fragen wir: Warum?
Doch er gibt keine Antwort und bleibt stumm.

IV.

Und wieder blühen die Kastanien und der Flieder,
der Kuckuck ruft, und hoch und grün
steht schon das Korn, und alle Wiesen blühn, –
du aber bist nicht mehr und kehrst nie wieder.

Wie wurde mir der Sommer tot und leer.
Du fehlst im Garten und auf allen Wegen.
Und nirgends springt dein Blondkopf mir entgegen.
Was soll der Sommer mir; du bist nicht mehr.

Die Sonne hat ihr Licht umsonst vergossen,
umsonst verschwendet sich der Erde Schoß.
Was soll mir noch der Wald, der Fels, das Moos –
wenn deine Augen sich für immer schlossen?

Was soll mir noch der Sonne Purpurschein?
Der Duft von Klee und feuchter Wiesenerde?
Der Schwalben Jubelschrei? Der Glockenklang der Herde?
Du bist nicht mehr. Und nie mehr wirst du sein …

V.

Mein lieber Bub, mein lieber, lieber Junge!
Wenn ich dir nur noch einmal sagen könnte,
wie sehr ich dich geliebt!
Wenn uns das Schicksal einen Tag, nur eine Stunde gönnte,
ein einz'ges Wort, – nur einen Augenblick …

Und immer brennt die Wunde,
für die es keine Heilung gibt.
Und keine Ewigkeit bringt mir zurück,
was man in fremder Erde fern begrub …

Mein lieber, lieber Junge, mein geliebter Bub!

Gotthard, 1938

VI.

Wo ist ein Sinn für dieses grauenhafte Morden?
Wo ist ein Gott? Ein Stern, der unsre Nacht erhellt?
Aus Menschen wurden Bestien, und Horden
von Dämonen
zerstampfen grausam diese arme Welt.

Und keinen wird dies Furchtbare verschonen:
Die letzten Söhne werden hingemäht,
Geschlechter ausgelöscht, und nichts besteht,
als nur ein Leichenfeld von Millionen …

Ach, mit den Söhnen, deren Spur verweht,
stirbt mehr als diese Welt: stirbt auch, was kommen sollte,
was weiter drängte, in die Zukunft wollte, –
sterben Millionen Kinder, die noch nicht geboren.

Und du allein hofftest dem Schicksal zu entgehen
und klagst, weil du den einen Sohn verloren?
Kein Schmerz des Einzelnen kann mehr bestehen:
Wir sind durch diese Zeit zu größ'rem Leid erkoren.

VII.

Ist dies ein Trost, daß auch die Andern fallen?
Daß dieses Schicksal niemanden bewahrt?
Und auch den Andern allen
ein gleiches namenloses Leiden nicht erspart?

Was hilft es mir, daß nicht nur mich dies Leid getroffen?
Wird meine Wunde sich nun früher schließen,
weil immer neue, aufgerissen, offen
ihr Blut vergießen?

Mein Junge fiel. Und Alles ist mit ihm für mich gestorben.
Gibt es in dieser Welt noch irgendwo ein Glück, –
für mich ist es verdorben.
Mein Junge fiel. Und nie kehrt er zurück …

VIII.

Ich kann und kann es immer noch nicht fassen.
Und diese Wunde heilt auch keine Zeit.
In alle Ewigkeit
wird dieser Schmerz mich nicht verlassen.

Es brennt und bohrt und nagt nur immer tiefer
mit jedem Tag, mit jeder Nacht.
Und manchmal ist es mir, als rief er:
Ich hör und seh im Traume, wie er lacht, –
das Grübchen an dem Mund,
der Augen Strahlen …
Und bin zu neuen Qualen
aufgewacht.

Und wieder brennt das Leid.
Nein, diese Wunde
heilt keine Zeit …

Gotthard, 1941

IX.

Die Tränen sind versiegt, die Augen leer.
Und auch mein Herz ist tot und fühlt nichts mehr.
Dies ist das Schlimmste: nichts zu fühlen,
den ausgeweinten Kopf ins Kissen wühlen,
und weder leben, noch gestorben sein …

Kein Herz ist in mir, nur ein Stein
mit Zentnerlast,
der mich ins Bodenlose zieht.
Und auch das Letzte, was du von dem Jungen hast, –
der Schmerz entflieht,
verblaßt …

Erst jetzt bist du allein
wie er, der irgendwo in fremder Erde liegt.
Und wirst es immer sein.
Die Tränen sind versiegt.

X.

Und wieder ist die Wunde aufgebrochen
und blutet stärker noch als je zuvor.
Mit jedem Herzschlag, jedem Pochen
strömt immer heißer nur der Schmerz empor.

Betäubt vom ersten Keulenschlage
erwacht erst jetzt das bittre Leid,
und wächst und wächst mit jedem Tage
ins Grenzenlose mit der Zeit.

Denn diesen Qualen ist kein Maß gesetzt.
Dies Leid hat alle Grenzen überschritten.
Mein Lebensnerv ward bis ins Mark verletzt,
mein Herz ist mittendurch zerschnitten …

Siegfried von Vegesack mit dem kleinen Gotthard in Le Lavandou / Frankreich

XI.

In welche Zeit sind wir hineingeboren?
Ein Irrenhaus, das uns gefangen hält.
Verbrecher, Wahnsinnige, Narren, Toren
zertrümmern und verwüsten diese Welt.

Die Besten fallen, und die Bestien bleiben leben.
Der Tapfre stirbt, der Feigling bleibt verschont.
Kein Gott, wenn er noch irgendwo im Himmel wohnt,
kann dieses Massenmorden je vergeben.

In Schutt und Trümmer sinken Kathedralen,
Dämonen triumphieren, und der Mensch verreckt.
Wehrlose Kinder, Frauen winden sich in Qualen,
von feigen Meuchelmördern hingestreckt.

Die Erde bebt, und hoch am Himmel braust
das Hohngelächter der entmenschten Buben.
Die Städte lodern, und in Höhlen haust,
was nicht die Trümmer unter sich begruben.

Wer wird noch unversehrt das Grauen überstehen
dieser von Gott verlassnen, gnadenlosen Zeit?
Dir aber kann, mein Junge, nichts geschehen:
Du ruhst und bist entrückt dem Leid.

XII.

Ich seh dich noch im weißen Kinderwagen
vergnügt mit einer Rassel klappern,
die rosa Händchen aneinander schlagen,
und höre noch dein Jauchzen und dein Plappern …

Dann seh ich dich, als wir zum ersten Mal
durchs Dorf zum nahen Walde gingen,
auf grasbewachsnem Weg, am weißen „Pfahl“,
wo rings die Weidenkätzchen silbern hingen.

Wir setzten uns auf einen flachen Stein
und spielten mit den Weidenkätzchen:
das waren unsre Schafe, groß und klein,
die blökten, – und wir hielten unser Schwätzchen.

Du fragtest mich, warum wir unten sitzen
und nicht wie Vögel durch die Lüfte reisen?
Und ob die kleinen Tannen mit den Spitzen
zum lieben Gott im Himmel weisen?

Schon damals hielt es dich an keinem Ort:
du wolltest laufen, klettern, fliegen.
Und als du groß warst, gingst du von mir fort, –
und bliebst in fremder Erde liegen …

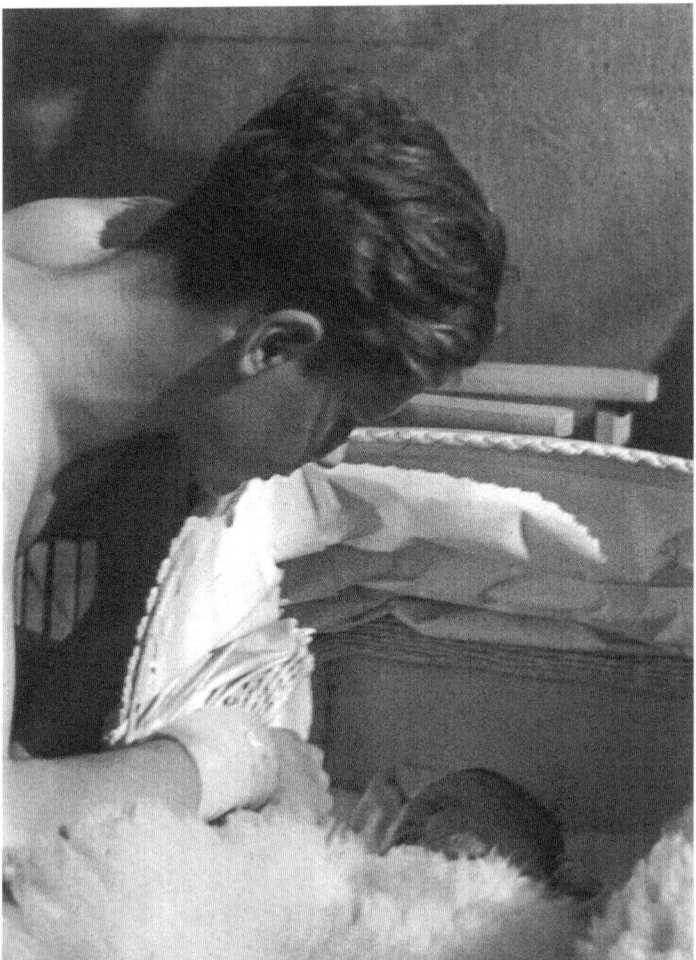

Gotthard beugt sich 1941 über den weißen Kinderwagen, in dem jetzt sein kleiner Bruder Christoph von Vegesack liegt, geboren am 1.12.1940 in München. Dieser nannte später seinen ersten Sohn auch wieder Gotthard.

XIII.

Schon damals ließt du dir durch keine Macht
des Himmels und der Hölle imponieren.
So konnte dies passieren:
Als einst die Mutter dich zu Bett gebracht
und du nicht schlafen wolltest
und grolltest,
weil dich irgend etwas quälte,
erzählte
sie dir: „Sieh, Buberl, fürcht dich nicht,
denn wenn du schläfst, dann stehen
viel schöne Engel rings um dich herum!"
Du hörtest zu, ganz stumm.
Jedoch am andern Morgen meintest du,
und sehr enttäuscht war dein Gesicht:
„Mama, ich hab die Engel wohl gesehen, –
schön sind sie aber nicht!"

Und als der wilde Bub wieder einmal tollte,
und das Kindermädchen ihn erschrecken wollte:
„Wenn du nicht brav bist, kommst du in die Hölle!" –
da hobst du auf der Stelle
drohend die Faust, und deine Augen sprühten,
und die Wangen wurden vor Zorn ganz rot:
„Und komm ich in die Hölle, –
dann schlag ich alle Teufel tot!"

XIV.

Dann wurdest du ein großer Junge
mit einer wilden Löwenmähne.
Und wenn du lachtest, blitzten deine Zähne,
und immer warst du auf dem Sprunge
mit deinen Pratzen,
deinen Löwen-Tatzen!
Du klettertest auf Felsen und in Bäumen,
das stille Sitzen und das sanfte Träumen
war nichts für dich.
Dein übervolles Ich,
das mußte überschäumen,
tollen, toben, raufen,
um die Wette laufen.
Und mußtest du dich mal verschnaufen
und ruhig sitzen,
dann wollten deine Hände immer etwas schnitzen:
ein kleines Boot aus dicker Borkenrinde,
das dann im Winde
mit vollen Segeln in die Weite glitt, –
und du fuhrst mit:
als Kapitän, als Admiral, Pirat, –
dich lockten Abenteuer und verwegne Tat
und Waffenruhm, den du erjagst
in fremden Ländern, irgendwo ganz weit …
Und warst dann doch von grenzenloser Zärtlichkeit,
wenn du in deinem kleinen Bette lagst …
Nun bist du, ach, so weit von mir gegangen.
Und niemand
streicht zärtlich über deine Wangen …

XV.

Dann seh ich dich zur Schule gehn,
und immer bliebst du mit verklärtem Blick
vor einem Ladenfenster stehn,
vor einer kleinen Luftpistole,
und immer wolltest du dorthin zurück,
und batest, daß ich dir dieses Spielzeug hole.
Ich wollte dir weiß Gott was alles schenken, –
jedoch kein Auto und kein Flugzeug, keine Eisenbahn
vermochte dich von diesem Wahn,
von dieser kleinen Luftpistole abzulenken …

Drei Tage kämpften wir verbissen:
Keiner gab nach.
Du bliebst ganz einfach vor dem Laden stehn
und wolltest nicht weiter gehen,
bis ich dich mit Gewalt von der Pistole fortgerissen.

Am vierten Tage wurde ich dann schwach, –
und du bekamst das Luftgewehr
und knalltest munter und vergnügt
umher:
die kleine Luftpistole hat gesiegt …

Solange Kinder mit Pistolen spielen,
wird es nicht anders werden auf der Welt.
Nun hat die Kugel ihn gefällt:
der Junge liegt –
einer von Vielen.
Die kleine Luftpistole hat gesiegt …

Siegfried von Vegesack mit seinen Kindern Isabel (geb. 1917)
und Gotthard (geb. 1923) in Ferien in Schweden, ca. 1932

XVI.

Mein Gott, wie schnell, wie schnell vergeht die Zeit!
Wie schnell du wuchst: die Schultern wurden breit,
der Körper streckte sich, es wölbte sich die Brust,
aus allen Poren sprühte Lebenslust
und Tatendrang!

Wir wanderten zu zweit, –
der Kuckuck rief, die Drossel sang, –
durch Frühlingswälder weit
auf kühlem, sonndurchsprenkelten, bemoosten Pfad,
erstiegen einen steilen Grat
und schauten über blauem Wipfelmeer
ins weite Land, wo dunkle Wolkenschatten schwer
über besonnte Äcker zogen.
Wie schnell sie flogen, –
und wie schnell vergeht die Zeit …

Und war im Winter alles eingeschneit,
dann sausten auf den Brettern wir den steilen Hang
hinab mit tollem Schwunge,
und immer flog der Junge
mit hellem Jauchzen, wenn der Schwung gelang,
an mir vorbei mit blonder Flattersträhne,
das blaue Stirnband auf der Löwenmähne,
indes der Pulverschnee um seine Schultern stob …
Oder wir glitten lautlos auf verschneitem Pfad
zwischen den Tannen, die der Rauhreif überwob
mit glitzerndem Kristall-Geflimmer …

Und immer
warst du mein guter Kamerad,
der alles mit mir teilte.

Warum enteilte
so schnell die Zeit?
Und warum gabst du alles Leid
nun mir zu tragen,
mein guter Kamerad?
Du klagtest nie. So will ich auch nicht klagen.

XVII.

Dann seh ich dich, ein großer Jung mit langen Trainingshosen,
die Hände in den Taschen, auf der Klippe stehn
und mit dem Blick erfahrener Matrosen
über das sturmbewegte Meer, die weiße Brandung spähn:

Ob irgendwo ein Schiff in dieser tollen
und wilden See in Not geraten?
Ob feindliche Piraten
auf unsrer kleinen Insel landen wollen?

Was wohl mit ihrem grellen Schrei und Lärme
die Möwen auf dem Holm dort drüben meinen?
Ob schon die silbernen Makrelen-Schwärme
in unsrer kleinen Bucht erscheinen?

Und ob die Quallen es schon wieder wagen
in unsre Badestelle einzudringen?
Dort nahen sie! Wir müssen sie bezwingen,
und mit dem Quallen-Schwert verjagen!

Dann wieder rudern wir in unsrem kleinen Boote,
dem „Sturmvogel", hinaus ins offne Meer.
Wir sind ein Schlachtschiff, und es qualmen alle Schlote,
und die Geschütze donnern um uns her.
Du kommandierst und bist der Kapitän,
rufst: „Backbord! Steuerbord!" und: „Alle Mann an Bord!"
Und wenn wir sinken, bleibst du ruhig stehn.
„Hoch Deutschland!" ist dein letztes Wort, –
und läßt die Fahne hoch im Winde wehn …

Hier tobte einst die ungeheure Schlacht
am Skagerrak. Hier liegen sie, die Helden.
Und ihre schlichten Kreuze melden
von jener Tat, die sie vollbracht …

Nun ruhst auch du in einem fremden Land,
ein Held wie sie, doch ohne Kreuz und Namen.
Wohin der Bub und seine Locken kamen,
ist unbekannt.[3]

---

3 Nach Auskunft der Deutschen Dienststelle (WASt.), 13400 Berlin, wurde die Grablege registriert in Utschastok, 10 Kilometer von Petrowka (heute Petrivka) bei Ananjew (Ananjiw) in der Ukraine, ca. 167 Kilometer nördlich von Odessa. Möglicherweise Umbettung nach Kirowograd.

Gotthard während der Sommerferien 1934 in Schweden

Gotthard (Mitte, weißes Hemd) mit Mitschülern aus der Urspringschule
1938 auf dem Sorgschrofen

XVIII.

Wie lang, wie lange ist das alles her,
und doch so nah, als wenn es vor mir läge:
die rosagelben Klippen, und das Meer,
die Fischerboote an dem Landungsstege,

der Ruderschlag, das ferne Tucken
der Motorboote, und vom Tang der Duft,
der Schrei der Möwen, und das jähe Zucken
der weißen Flügel in der blauen Luft.[4]

Wir ließen uns vom Gischt der Brandung überschäumen,
und schwammen weit hinaus zum letzten Riff,
und schmorten auf dem Felsen. Und ein Schiff
zog fern vorbei, beladen ganz mit unsren Südseeträumen.

Du schwärmtest für Jack London und Karl May,
von wilden Fahrten, tollen Abenteuern,
von Walfischen und einem Riesenhai
und andern grauenhaften Ungeheuern.

---

4 Clara Nordström, Mein Leben, S. 304 f. schildert diesen Sommer in Schweden. Clara war auf der Insel Kalvön, einer der Felseninseln vor der Hafenstadt Fjällbacka; Siegfried wohnte mit den Kindern auf der Nachbarinsel Dyngön. Sie trafen sich mehrfach und am Ende wurde die Scheidung beschlossen, siehe Mein Leben, S. 306–310 und Brief von Siegfried von Vegesack an Alfred Kubin vom 13. Mai 1935 in Weißensteiner Miniaturen, Band 1, S. 61.

Die Schule war für dich ein Dreck:[5]
„Ach, käme es doch endlich mal zum Kriege!
Dann schmeiß ich alle Bücher weg,
und werde kämpfen bis zum Siege!"

Wer wird uns eine Antwort geben,
die uns den Sinn des Sinnlosen enthüllt?
Dein Wunsch ward dir gewährt. Dein kurzes Leben
hat sich erfüllt.

---

5 Gotthard besuchte zunächst die Grundschule in Stuttgart, kam dann nach Korntal ins Internat und schließlich in die Urspringschule bei Schelklingen in der Nähe von Ulm.

XIX.

Und wenn am Abend dann die Fischerboote
sich rüsteten zu neuer Fahrt,
der Sonnenball, der ungeheure, rote,
im Meer versank, und grün und zart
die helle Sommernacht aus dunklem Wasser stieg,
und alles schwieg,
bis auf die Klänge einer fernen Ziehharmonika,
du neben mir im Bett lagst, warm und nah, –
dann warst du wieder Kind, mein kleiner Bub,
der seinen Kopf an meiner Brust vergrub,
und seine Arme um den Hals mir schlang
voll grenzenloser Zärtlichkeit …

Wie lange ist das her, wie lang.
Jetzt liegst du weit,
und niemand streichelt deinen blonden Schopf …

XX.

Mir ist, als wäre alles bloß ein böser Traum,
ein Alpdruck, von dem ich erwachen müßte,
wenn ich das Wort, die Zauberformel wüßte,
die uns vom bösen Spuk befreit.

Gefang'ne sind wir dieser grauenhaften Zeit
und ahnen kaum
noch etwas von der fernen Sonnenküste
im Meer von Leid.
Wenn ich doch nur die Zauberformel wüßte …

Wohl höre ich von fernher einen Klang,
der aus verlorner Zeit herüberschwang,
doch kann ich mich nicht auf das Wort besinnen.

Mein Herz zerbrach.
Und unsre Tage, Jahre, sie verrinnen
in Schmach
und Graun …

Wir werden das Gelobte Land nicht schaun.

XXI.

Und dennoch müssen wir bewahren
den Stern im Herzen, der uns stets geführt,
das Erbe derer, die einst vor uns waren,
den Glauben, der an letzte Dinge rührt,
den nie gelöschten Durst, den Hunger,
der nie gesättigt, nie gestillt,
die Sehnsucht, die in ewig junger
Begeisterung sich nie erfüllt ...

Und wenn wir auch die Letzten sind
aus einer Welt, die schon versunken,
die tot und blind
in einem Meer von Hass ertrunken, –
stürzt Alles über uns zusammen
in dieser gottverlassnen Zeit, –
so müssen wir aus Rauch und Flammen,
aus Nacht und Not und Tod und Leid,
aus Höllenqualen, die kein Gott verzeiht,
die brüllend auf zum Himmel lodern,
aus Schutt und Asche, die vermodern,
und aus dem Qualm des schon verglühten
und ausgebrannten Domes, der zerbricht, –
hinüberretten und behüten
das Ewige Licht!

XXII.

Du fragtest mich einmal, und in der Frage lag
ein leiser Unterton von unbewußtem Spott:
„Sag –
glaubst du wirklich noch an Gott?!“

Wir redeten nicht oft von diesen Dingen,
seitdem du groß geworden, sprachen wir kein Nachtgebet.
Von einem Jungen, der im Lausbubalter steht,
kann Religion man nicht erzwingen.

Doch eine Antwort mußte ich nun geben,
und wußte nicht, was ich dir sagen sollte.
Ich sprach von einem höh'ren Wesen, und ich wollte
es dir erklären: daß ü b e r unsrem Leben
noch etwas steht, was wir nicht kennen,
und was wir „Gott“ oder auch „Schicksal“ nennen,
und dem man sich in Demut beugen muß …

Du hörtest zu, mit sichtlichem Verdruß,
und meintest dann, das alles sei dir viel zu klug.
Du hättest von d i e s e m Leben schon genug,
und fragtest nicht nach dem, was nachher komme;
und all' das Fromme,
was der Pastor rede,
sei langweilig und öde,
und nur ein „Quatsch“ und Selbstbetrug.

So auch die Sache mit dem Backenstreiche:
wenn einer auf die eine Backe haut, dann reiche
man ihm auch noch die andre hin!
Hat das denn einen Sinn?
Du hättest es selbst gleich ausprobiert:
Dem Nebensitzer, – während noch der Pastor salbungsvoll
gesprochen, – eins ausgeschmiert.
Und er, der Nachbar, statt nun seine andre Wange
dir hinzuhalten, wie man es doch soll, –
lange
dir selber eine runter. Das sei doch verkehrt:
„Und statt den Andern anzupfeifen,
der nicht befolgte, was die Bibel lehrt, –
schmeißt m i c h der Pastor raus, – ist das nicht unerhört?
Kannst du's begreifen?"

Nein, wer so handgreiflich das Bibelwort versteht,
dem ist mit frommen
und weisen Reden nicht gut beizukommen:
Was braucht er Gott und ein Gebet?
Die Tat ist alles. Und mit beiden Füßen steht
er hier auf d i e s e r Erde und in d i e s e m Leben.

Du warst von Tatendrang so platzend voll, –
was sollte dir das Jenseits, wo fromm die Engel schweben,
der liebe Gott mit langem, weißen Bart
auf einer Wolke thront?

Nein, nur die Erde war für dich bewohnt:
Du träumtest nur von Abenteuern, wilder Fahrt,
von Schlachtgewimmel.
Und brauchtest keinen Gott und keinen Himmel …

Ich aber frage mich mit Schmerz und Spott:
„Glaubst du an Gott?“
Und kann mir keine Antwort geben.

Gotthard, 1941

XXIII.

Wo ist der Gott, den wir als Kinder kannten,
und an den wir glaubten
in Seiner Kraft und Herrlichkeit?
Ist Er gestorben unter den verstaubten
und ausgebrannten
Altären dieser seelenlosen Zeit?

Hat man Ihn wieder, wie in alten Tagen,
mit Nägeln, die sich tief in seine Wunden bissen,
Sein Herz zerrissen,
ans Kreuz geschlagen?

Doch diesmal kann kein Gott vergeben:
zu groß ist das Verbrechen, das geschehn.
Nach diesem Tod und diesem Leben
kann selbst ein Gott nicht auferstehn.

Wir sind so tief bis in das Mark verdorben,
daß auch die Liebe Gottes stirbt.
Was lebt, verdirbt.
Erst jetzt ist Gott in Wirklichkeit gestorben …

XXIV.

Doch manchmal höre ich im Sternenraum
noch einen tiefen Atem gehen,
und sehe, groß wie einen Baum,
im Nebel einen Schatten stehen.
Und spüre wie in einem Traum
das ferne Wehen
von einem dunklen Mantelsaum ...

XXV.

Wie schnell du wuchst! Und jedes Jahr
mußtest in Strümpfen du dich an den Türstock stellen,
und von den Sohlen bis zum Haar –
der Löwenmähne, der zerzausten, hellen –
maß ich dich mit dem Lineal,
und schnitzte mit dem Messer Strich und Jahreszahl
ins Holz.

Du triumphiertest stolz,
wenn um die Breite einer Hand
dein Jahresstrich schon wieder höher stand:
„Bald hole ich dich ein, –
ich wachs dir über'n Kopf!"

Im letzten Jahr hat mich dein blonder Schopf
um eines Fingers Breite überholt,
und dabei waren meine Schuhe dick besohlt:
„Papa, – wie bist du klein!"

Dein Lebensdrang war ungezügelt:
Du wuchst und wuchst, und hast mich überflügelt.
Und nur im Tode hole ich dich ein …

XXVI.

Und dann die Zeit,
als wir zu zweit
im alten, geliebten Turme hausten,
die dicke Hafergrütze, die wir selbst gekocht, verschmausten –
sie mußte stets so dick sein, dass hineingesteckt
der Löffel in der Grütze stehen blieb –[6]
zuletzt wurden die Löffel abgeleckt,
und alles dann mit raschen
Handgriffen, und auf einen Hieb
unter dem Wasserhahne abgewaschen.

Dann ging's hinaus, wir streiften durch die Wälder,
beschlichen an dem Wiesenrand ein Reh,
jagten die Hasen über Stoppelfelder,
und badeten im Flüsschen und im dunklen Arbersee.

Oder wir kletterten zu unserm Felsversteck,
zum „Pfahl" hinauf, und zu den Quarzkristallen,
und warfen Hemd und Hose weg,
und schmorten in der Sonne, in der prallen.

Oder wir lagen im Gestrüpp der Heidelbeeren,
die fast so groß wie Kirschen waren,
und kamen heim zugleich mit einer schweren
und wunderbaren
Müdigkeit.

---

6 Das beschreibt Siegfried von Vegesack auch in seinem Brief an Jella vom 16.02.1941, siehe S. 86f.

Dann riefst du in die leere Küche:
„Was gibt es heut?
Johann, Sie können decken!
Und bringen Sie noch Eis, und auch die Torte!“
Dann folgten wilde Flüche:
„Mensch, hast du Worte, –
der Kerl ist fort! Und wo die Andern alle stecken?
Die Köchin schnarcht, man kann sie doch nie wecken,
und der Chauffeur ist mit dem Rolls-Royce abgehaun!“
So mussten wir nun wieder selber kochen, decken,
ja, – welche Zeiten – und auch selbst verdaun …

Und nach dem Abendessen kam das Schach.
Wir sitzen da und denken beide nach
und machen Zug um Zug.
Du liebtest niemals zu verlieren,
doch wütend wurdest du, wenn durch Betrug
ich dir mal helfen wollte. Und dann konnte es passieren,
daß du zornig schautest
und mit der Löwenfaust das ganze Spiel zusammenhautest.

Du wolltest nichts geschenkt und Hilfe keines Falles,
und alles
aus eigner Kraft.
Nun hast du es geschafft:
im hohen Spiel, das du so jung begonnen,
hast du mich übertroffen.

Dir standen alle Wege offen:
mit etwas List und Hilfe hättest du das Spiel gewonnen.

Du wolltest nicht. Du hattest dir geschworen,
den einzig graden Weg zu gehn.
Wer so verliert, hat nicht verloren:
Er fällt – und wird vor Anderen bestehn.

Das „fressende Haus“ mit dem angebauten Stall

XXVII.

Du warst der Neunte. Vor dir trugen acht
durch fünf Jahrhunderte den gleichen Namen.
Sie gingen und sie kamen
aus hellem Tag in dunkle Nacht.

Mein Vater[7] und mein Bruder[8] hießen schon
wie du. Vor ihnen sechs unseres Geschlechtes.
Was immer wiederkehrt, das ist was Rechtes:
so nannten Gotthard wir auch dich, mein Sohn.

Mein Vater kam genau vor hundert Jahren
auf diese Welt.
Mein Bruder fiel, genau vor fünfundzwanzig Jahren,
vom gleichen Feind gefällt
wie du, doch nicht im Kampfe:
Er wurde vor die Grube hingestellt
und fiel, von Mördern hingestreckt, im Todeskrampfe.[9]
Wie hing
mein Herz an beiden!
Und Einer nach dem Andern ging …

Und dann kamst du, und nun bist du gegangen.
Wie viele Wunden soll mein Herz empfangen,

7 Otto Gotthard von Vegesack (1844–1900).

8 Gotthard Heise von Vegesack (1878–1919) wurde am 14.03.1919 von den Bolschewiken erschossen.

9 In Ausgabe 1948 folgt: „Mein Vater und mein Bruder – / oh, wie hing / mein Herz an beiden!“

Gotthard von Vegesack (1686–1764) wurde 1745 Bürgermeister von Riga.

das noch immer schlägt?
Wie viele Tode noch erleiden?

Wirst du der Letzte sein,
der diesen Namen trägt?
Wird einer nach dir kommen?[10]
Was frommen
dergleichen Grübelein:
Der E i n e wird in alle Ewigkeit nie wiederkommen …

10 Der Zehnte ist Gotthard von Vegesack, geb. 1968, der Sohn von Christoph (1940–2008), ein Enkel von Siegfried.

Die Eltern von Siegfried, Otto Gotthard von Vegesack (1844–1900)
und seine Frau Janet/Jenny, geb. Freiin von Campenhausen (1849–1932)

XXVIII.[11]

Von welchem deiner Ahnen erbtest du dein Blut,
dies überschäumende und tatenfrohe?
In wessen Adern glühte schon die gleiche Glut
und loderte die gleiche ungestüme Lohe?

Wohl kaum in den westfäl'schen Bauern,
die schon bald tausend Jahre ihren Hof bebauen,
nicht weiter als zur Ackergrenze schauen
und festgekrallt auf ihrer Erde kauern.

Doch Einen[12], in die Stadt verschlagen,
trieb es hinaus über das weite Meer.
Wollte er Abenteuer oder Gold erjagen?
Sein Herz war voll. Und seine Tasche leer.

Dann ließ er sich in Reval nieder
Und wurde Kaufherr, wurde Rat.
Und dessen Sohn[13] ward brav und bieder
schon Bürgermeister jener Stadt.

Jedoch in einem andern Sohne[14]
rumorte noch das tolle Blut:

---

11 Gedicht XXVIII fehlt in der Ausgabe 1948.

12 Albert Vegesack wanderte mit drei Brüdern nach Reval aus und wird dort 1485 Schwarzhäupterbruder. Alle vier werden Kaufleute.

13 Thomas Vegesack (1494–1545), 1524 Ratsherr, 1531 Bürgermeister von Reval.

14 Thomas II. Vegesack (ca. 1523–1572), Enkel von Albert, beteiligte sich nach dem Einfall der Russen 1558 an dem Kaperkrieg gegen russische Schiffe.

Er floh aus Stadt und enger Frohne
und kaperte der Russen Gut.

Er wurde Freibeuter, Pirat,
und enterte die Russenschiffe,
und kannte sicher tausend Kniffe,
und ward sein Leben lang kein Rat ...

Oder rumorte in dir jener Ahne[15],
der mit zwölf Jahren schon die Waffe trug,
und unter Karls des Zwölften Fahne
bei Narwa die verhassten Russen schlug?

Der seinen König schützte als Trabant,
und bei Poltawa hart gestritten,
und schwer verwundet in das Türkenland
mit seinem jungen Könige geritten?

Wer mag das wissen? Wer erkunden?
Erloschen ist mit dir der Brand.
Du hast in eben jenem Land
der Süd-Ukraine ihn gefunden:
den Heldentod, den er nicht fand.

---

15 Balthasar Freiherr von Campenhausen (1689–1758) kämpfte im Heer des schwedischen Königs Karl XII. 1700 in der Schhlacht von Narwa gegen die Russen, beschützte ihn bei Poltawa 1709 und floh mit ihm bis ins Osmanische Reich. Er war der Urgroßvater von Gotthards Urgroßvater Theophil Aurel von Campenhausen (1805–1863).

XXIX.

Und immer wieder fragt man sich, warum
dies junge Leben enden mußte?
Ob er es vorher ahnte, wußte?
Vom Sterben sprach er nie. Jetzt ist er stumm.

Doch einmal, weiß ich noch, als ich ihn fragte,
was er nach diesem Kriege werden will, –
da wurde er für eine Weile still
und sagte
mit einem seltsam kalten
und fremden Blicke, und die Augen wurden ernst und schwer:
„Für mich gibt's kein Nachher!"
Und er hat recht behalten.

XXX.

Die Ähren sinken, wenn das Korn sich neigt.
Die Blüte fällt, wenn Frucht aus ihrem Schoße steigt.
Und alles wächst und drängt und möchte sich vollenden.
Du aber bist gefallen vor der Zeit:
Du mußtest ohne Frucht, mit leeren Händen
dich selbst verschwenden …

Und bleibst nun jung in alle Ewigkeit.[16]

16 Dieses Gedicht XXX steht auf dem Totenbrett für Gotthard an der Kapelle in Weißenstein bei Regen / Bayer. Wald, vgl. S. 120.

XXXI.

Man sagt oft: Wen die Götter lieben,
den nehmen sie noch jung zu sich.
Dies ist kein Trost. Wärst du mir doch geblieben:
ich liebte dich –
vielleicht noch tiefer, als die Götter lieben.

XXXII.

Du warst so übervoll von Leben,
warst das Leben selbst, das überschäumt,
und das nicht geizt und vor dem Tode säumt,
und das nur Eines will: sich hinzugeben.

Du warst so jung, noch halb ein Kind,
ein Namenloser unter vielen namenlosen Helden,
von denen keine lauten Taten melden,
die starben, und die doch unsterblich sind.

XXXIII.

Du hattest nur die e i n e Angst:
daß dieser Krieg zu früh zu Ende ginge,
daß du zu spät hinausgelangst,
und drangst
mit Ungestüm zur Truppe,
damit dein übervolles Herz noch irgendeine Tat vollbringe.
Die Schule, und was nachher aus dir werden sollte,
das war dir schnuppe.
Und dein Ärger grollte,
als ich nicht gleich dir deinen Wunsch erfüllen wollte.
Du ließt dich nicht belehren.
Nein, einem solchen Ungestüm kann man nicht wehren.
Und wieder wurde ich, wie bei der Luftpistole, schwach
und gab dir nach …

So kamst du von der Schulbank gleich in die Kaserne.
Du wolltest gerne
Flieger werden, doch selbst das Fliegen
ging dir nicht schnell genug:
Wozu das viele Rechnen und ein Buch?
Nicht lernen wolltest du, – nur kämpfen, siegen!
Zwei Jahre Ausbildung – das war dir viel zu lange.
Und wieder war dir bange,
daß dir der Krieg noch durch die Lappen geht …

Doch endlich hattest du das Ding gedreht:
du gingst zur Fallschirmtruppe ’rüber,
weil man in einem halben Jahr dort fix und fertig ist:
Das Springen war dir immer lieber,

als alles Lernen und der Büchermist …

Und wo bist du nicht alles hingesprungen:
bei Rom, auf Elba, in der Normandie.
Und alle Sprünge sind dir gut gelungen,
bis auf den einen, als du wie ein Vieh
beinah ersoffen wärest in der Rhone …

Zwei Winter warst du auch ganz ohne
den Fallschirm bei der PAK[17] im Osten:
hocktest in Erdlöchern, schobst Posten
und schlugst dich stumm
mit Läusen, Wanzen und Iwan herum:
wie fest die Biester saßen in der Kluft!
Erbittert kämpftest du und unverdrossen.
Zwei Mal flogst du mit einer Mine durch die Luft,
und einmal wurde dir die Feldmütze vom Kopf geschossen.

Du klagtest nie. Nahmst alles mit Humor.
Ließt nie die gute Laune dir vertreiben.
Kein Ehrgeiz plagte dich. Du drängtest dich nicht vor,
und wolltest nur bei deinem Haufen bleiben.

Du hattest Glück – bis dich die Kugel traf,
mitten in den geliebten Kopf.
Nun ruht dein blonder Schopf
in tiefem, tiefem Schlaf …

17 Abkürzung für „Panzerabwehrkanone“, steht für eine Panzerjägereinheit.

XXXIV.

Dann seh ich dich, wie ich zum letzten Male dich gesehn:
groß in der Türe stehn,
den Rücken vollbepackt, und aus dem Hause gehen …

Du warst ganz plötzlich, nur für eine Nacht
gekommen. Kamst aus dem Süden, und du fuhrst nach Osten.
Und nicht mal die paar Stunden, die du mir gebracht –
die letzten – konnte ich mit dir durchkosten:
denn ich war krank und müde, und schlief ein.

Was gäb' ich jetzt für eine dieser Stunden,
ach, nur für einen Augenblick,
mit dir zu sein!
Und keine Ewigkeit bringt mir zurück,
was ich verschlief.
Und jetzt hast du den Schlaf gefunden.
Und schläfst so tief …

Dann war ich plötzlich aufgewacht,
der Morgen graute,
und du mußtest gehen.
Ich seh dich noch, wie ich zum letzten Male dich gesehn:
groß in der Türe stehn,
den Rücken vollbepackt, der Nebel braute …

Dann liefst du in die sternenlose,
schon fliehende Novembernacht.

Ich schaute
dir nach. Und dann warst du verschwunden
im Nebelmeer,
das brodelnd, wogend, ohne feste Umrisse und Maße
dich ohne Wiederkehr
verschlang …

Noch lang
hörte ich bang
das Klappern deiner Stiefel auf vereister Straße.
Und werd' es hören nun mein Leben lang.

XXXV.

Wie leer ist alles nun, wie leer.
Da liegt so vieles noch umher
von dem, was du mir einmal brachtest:
das bunte Deckchen, das du mir als kleiner Bube machtest,
das Boot aus Borkenrinde, das du mir geschnitzt,
das Schachbrett, in das du deinen Namen eingeritzt, –
du aber bist nicht mehr,
und kehrst nie wieder.

Der Tag erlosch. Und dunkle Nacht ging nieder.

Der winterliche Turm, jetzt das „Museum im Fressenden Haus".
Bevor Gotthard nach Russland fuhr, war er noch eine einzige Nacht im Turm.

XXXVI.

Und dennoch bist du immer da,
und immer fühl ich deine Nähe:
wohin ich gehe –
du bist mir nah,
und immer sehe
ich deine Löwenmähne,
das Strahlen deiner Augen, und das Blitzen deiner Zähne,
und hör' im Traume und im Wachen
die Stimme, die ich so geliebt,
dein gutes Lachen,
das es sonst nirgends gibt …

Du klagtest nie. Auch jetzt sagst du nur: „Weitermachen!"

XXXVII.

Nein, du bist nicht gestorben.
Du lebst und wirst bis an das Ende meiner Tage
weiter leben.
Du gabst mir viel, und wirst mir viel noch geben:
die Kraft, dies Furchtbare zu überstehen,
und ohne Klage
weiter zu gehen.

Nur einen Weg gibt es für uns, ein Ziel:[18]
So tapfer leben, wie der Junge fiel.

---

18 In Ausgabe 1948 heißt es hier: „Nur einen Weg gibt es für mich, ein Ziel".

XXXVIII.

Nun bin ich aufgenommen in das Leid
der vielen andern, die ihr Kind verloren.
Wir alle sind durch diese Zeit
aus eignem Leid
zu einem größeren erkoren.

Ich hab es nicht allein erlitten,
wie Viele opferten noch mehr.
Wer wagt es, gibt der Bruder alles her, –
für sich vom Schicksal Schonung zu erbitten?

Wer wagt's, in einem Meer von Tränen,
das über alle sich ergossen,
zu klagen noch, und noch zu wähnen,
daß nur die seinen heiß geflossen?

Verschließe nicht mit bitt'rer Klage
dein wundes und gequältes Herz!
O, öffne es dem fremden Schmerz,
daß es das Leid der andern trage!

O, öffne dich dem grenzenlosen,
dem ungeheuerlichen Leid,
das aus Millionen namenlosen
verwaisten Herzen dieser Zeit –
wenn die Sirenen heulend tosen –
zum gnadenlosen,
erbarmungslosen
Himmel schreit!

Geboren neu aus dunklem Schoße
bricht auf mein Herz, vom Schmerz gesprengt,
und taucht nun unter in das große
Leid Aller, das mein Leid ertränkt.

Nicht meinen nur hat man ins Grab gesenkt:
Millionen Jungen werden nie mehr wiederkommen …

O Gott, du hast mir viel genommen –
und viel geschenkt.

Gedichtübersicht „Mein Junge“

Teil 2

Weitere Texte zu Gotthard von Vegesack

von Clara Nordström,
Siegfried von Vegesack
und Jella von Vegesack

Clara Nordström

Gotthard, mein Zwanzigjähriger[19]

Leise trug die monderhellte Mainacht
Seinen lieben Namen in die Weite,
Wo der Tod den Kühnen niederkämpfte.
Und ich wünschte, dass ich bei ihm liege
Und sein Herz mit meinem Herzblut fülle,
Bis es steige in das Licht des Tages,
Wie ein junger Schwan, der zukunftsgläubig
Seine starken, weißen Flügel breitet.
So ich träumte in der Maienmondnacht,
Und der Traum mein Herz verbrennen wollte,
Als ein Duft von frühen Sommerblumen
Aus dem Garten in mein Zimmer wehte,
Und umgeben von der Erde Atem
In dem klaren Mondlicht Gotthard stand.
Ja, ich sah ihn mit dem Blick des Herzens,
Spürte seine junge, frohe Nähe
Und den hellen Mut, der von ihm ausging.

19 Nach Auskunft der Deutschen Dienststelle für die Benachrichtigung der nächsten Angehörigen von Gefallenen der ehemaligen deutschen Wehrmacht vom 22.6.2015 fiel Gotthard von Vegesack als Angehöriger der Einheit 14. Kompanie Fallschirm-Jäger-Regiment 7 am 30. März 1944 bei Ananjew in der Ukraine. Als Grablege ist verzeichnet: Utschastok bei Ananjew, 10 Kilometer von Petrowka. Siehe Anm. 3. Mit einem vom 3. Mai 1944 datierten Brief von Feldwebel Georg Helwig vom Luftgaupostamt Breslau wurde Clara Nordström über die näheren Umstände seines „Heldentodes“ informiert. Siehe S. 15.

Wieder durfte ich das Lächeln seiner
Lieben Augen sehen, und er sagte:
Lass das Trauern, Mutter, wir sind um euch,
Wir sind eins mit Gottes Schöpferliebe,
Die herniederbrausend Welten schuf, und
Weiterliebend alles Leben schenkt.

Trissy (Therese) Kalkschmidt (1876–1959), geb. Batsch, eine mit Clara befreundete Malerin in der Münchener Zeit, malte etwa 1925 Clara mit Gotthard. Clara liebte die orange Farbe der Jacke. Das Bild wurde von Trissy Kalkschmidts Enkelin dem Förderverein als Dauerleihgabe gegeben. Sie hatte es mit anderen Bildern zusammengerollt auf ihrem Speicher gefunden. Dort lagen sie seit dem Krieg, nachdem ihre Mutter vor der Flucht aus der Rhön die Bilder aus den Rahmen geschnitten hatte.
(Vgl. Clara Nordström, Mein Leben, S. 228. Dort beschreibt sie, wie sie alte Betttücher orange färbt, um daraus Vorhänge zu nähen, die auch bei Regenwetter einen „geheimnisvoll frohen Schimmer" bewirkten. Sie nähte auch orange Kleider für Isabel und orange „russische Blusen" für Gotthard.)

Clara Nordström

An meine Söhne[20]

Wenn ich tief in der Erde schlafe,
So, wie im Winter die Erde schläft,
Werde ich noch die leuchtenden Bilder
Sehen, die wir einst zusammen sahen.

Singt Ihr dann einige frohe Lieder,
Werde ich unten sie alle hören.
Denkt Ihr viele tapfre Gedanken,
Werde ich glauben, es komme der Frühling.

Nur wenn Ihr treulos wäret und feige,
Würde mein Leben ins Dunkel versinken,
Doch das werdet Ihr niemals sein.

Deshalb soll Euch die Sonne grüßen,
Deshalb sollen die Blumen Euch blühen,
Schirmend rauschen die weiten Wälder.
Und es wird Euch die starke Nordsee
Dröhnend rufen zum Kampf und Sieg!

8. März 1940

---

20 Clara hatte aus ihrer ersten Ehe mit Dr. Armin Reiche einen Sohn, Gustav Adolf Reiche, der später Förster wurde, im Krieg ebenso wie Gotthard in Russland kämpfte, in russische Gefangenschaft geriet und schließlich nach Hause zurückkehrte.

100 Zeilen[21]
VIII. Jahrgang, Nr. 6
Weißenstein, 7. Februar 1931

Siegfried von Vegesack: Schicksal

Irgendwie fällt beim Mittagstisch das Wort „Schicksal". Gotthard, unser Sechsjähriger, an Wochentagen Buberl genannt, sieht mich mit großen Augen an und fragt: „Papa, was ist Schicksal?" Ich bin recht ratlos und grübele verzweifelt nach. Um mein Ansehen zu wahren, erklärte ich würdig: „Schicksal ist, was kommt, und was man nicht ändern kann."
Buberl denkt angestrengt nach.
„Papa, ist der neue Lehrer Schicksal?" „Ja, du musst lernen, Buberl, – da ist nichts zu ändern!"
„Papa, hast du auch ein Schicksal?" „Auch ich muss arbeiten."
„Tip – tip?" (Schreibmaschine)
„Tip – tip." „Und Holz hacken?" „Und Holz hacken."
Buberl seufzt: „Papa, das Schicksal ist schwer!"

21 Um Geld zu verdienen, bot Siegfried von Vegesack ab 1926 zunächst unter dem Titel „Das gute Lachen" und später als „100 Zeilen" verschiedenen Redaktionen wöchentlich eine Feuilleton-Korrespondenz an „zu dem bei Ihnen üblichen Zeilenhonorar". Darin schrieb er Anekdoten, kurze Geschichten, Gedichte, für die er teilweise auch Pseudonyme benutzte, z.B. Isjagin. Er ließ häufig auch Beiträge von anderen schreiben, etwa von seiner schwedischen Frau Clara Nordström, dem deutsch-baltischen Schriftsteller Werner Bergengruen und dem österreichischen Staatswissenschaftler Wilhelm von Hebra.

Ich versuche, Buberl darüber aufzuklären, dass andere Kinder es viel schwerer haben, ja, dass viele sich nicht einmal satt essen können.
Buberl starrt mich fassungslos an: „Sich nicht satt essen können? Papa, das Schicksal ist schlecht!"
Ich versuche, das Schicksal zu verteidigen: nicht dieses, sondern die Menschen seien schlecht, denn es wäre vielleicht doch zu ändern – aber ich fühle: Buberl hält nicht mehr viel vom Schicksal.

Am Nachmittage höre ich aus dem Garten folgende Zwiesprache:
Buberl: „Donerl, weißt du, was Schicksal ist?"
Donerl (ein kleines Mädchen aus dem Dorf): „Na!"
Buberl (belehrend): „Schicksal ist, was kommt, und was man nicht ändern kann!"
Donerl: „Gibt's denn dös a?"
Buberl (geheimnisvoll): „Wenn ich aber groß bin, Donerl, weißt du, was ich dann tu?"
Donerl: „Na!"
Buberl (hebt drohend die Fäuste): „Dann nehm ich das Schicksal und sag: du böses Schicksal, warum lässt du die Menschen hungern? Und dann, und dann – ändere ich es doch!"

Abends, wir sitzen noch unter der Lampe, dröhnt plötzlich von oben aus der Kinderstube die große Kuhglocke, die neben Buberls Bett hängt. Ich stürze hinauf. Buberl sitzt aufrecht in seinem bunten Himmelbett. Er hat einen kleinen Wunsch. Dann legt er sein Köpfchen halb verschlafen an meine Schulter und seufzt, sehr ernsthaft und nachdenklich: „Papa – ist das auch Schicksal?"

Brief von Siegfried von Vegesack an Alfred Kubin am 13.05.1935[22]

Seit dem November bin ich wieder auf dem Turm, mit Isabel, die sich von ihrer anstrengenden Tätigkeit als Garten-Elevin in Schweden ein wenig ausruhen musste und mir hier über eine schwere Zeit hinweggeholfen hat. Meine Frau ist mit dem Jungen in Korntal bei Stuttgart, – vor Ostern waren wir zwei Wochen in Stuttgart und haben sie öfters besucht. Seit dem Herbst geht es meiner Frau nicht gut, – sie hat eine Wunde am Bein, die nicht heilen will[23], und erhöhte Temperaturen, so dass sie das Bett hüten muss. ... Der Junge war zu Ostern eine Woche hier, er hat sich gut entwickelt, – ein wenig zu wild für seine Mutter! Er will ungern etwas lernen und träumt davon, einmal Fischer oder Matrose zu werden! Gottlob, – Tinte hat er von uns Beiden nicht ins Blut bekommen.

Brief von Siegfried von Vegesack an seine Frau Jella am 16.02.1941[24]

Weißenstein, d. 16. 2. 41

Mein liebes Gusti!
So spart man Papier! Gotthard ist heute Nachmittag nach Regen ins Kino gelaufen, ich habe eben die Petroleumlampe angezündet, u. der Ofen summt. Irmgard schrieb, dass du

22 Vgl. Rolf Rieß, Alfred Kubin und Siegfried von Vegesack – Briefwechsel, S. 60.

23 Vgl. Clara Nordström, Mein Leben, S. 311.

24 4 S. hs. m. U., Weißenstein 16.02.41 (Bayerische Staatsbibliothek Nachlass Vegesack Ana 397).

wieder gehustet hättest. Hoffentlich ist es nicht schlimm! Bist du schon zum Doktor wegen der Zähne gegangen? Allmählich wird es Zeit, dass du deinen Mund wieder „möblierst"!
Der Maler Biller kommt Dienstagmorgen zum Malen. Wir wollen morgen die Löwengrube[25] ausräumen, was nicht ganz einfach sein wird!
Gotthard bittet dich oder die „Tante"[26], dass ihr ihm ein Säckchen (in der Größe beigelegten Papier-Beutels) aus dünnem Stoff, mit einem Faden oder Schnürchen zum Zubinden, näht, für die Schachfiguren d. kl. Schachspiels! Aus dieser Papierhülle rollen sie leicht heraus! Aber der Beutel darf nicht mehr Platz einnehmen, damit man ihn in das Schachbrett hineinstecken kann. Leider hat G. eine von unseren Teetassen zerschlagen. Vielleicht sind sie noch zu haben.
Von Sarnetzki von der Köln. Ztg. kam dieser Brief! Schünemann schweigt sich noch dazu aus. Auch von Adele keine Nachricht. Wir schicken euch hier 2000 Wertmarken, damit sie nicht verfallen! Wir kommen gut aus! Gestern Abend kochte Gotthard eine wunderbare dicke Hafergrütze, so dick, dass der Löffel stand![27] Aber heute kochen wir nur 4 weiche Eier auf dem Ofen – wegen Sonntag!
Neulich bemerkte Gotthard einen Riesenriss hinten an meiner Ski-Hose, zum Glück in der Naht, und ich fürchte, dass ich ahnungslos in Regen so herumgelaufen bin! Jetzt hat Lore die Hose wieder zusammengenäht!
Es taut und sieht ganz nach Regen aus: Ich habe Kopfschmerzen und will G. zur Buche entgegen gehen. Gestern spielten wir von

---

25 Alle Zimmer im Turm hatten Namen. Das Zimmer, in dem Clara und Gotthard schliefen, hieß Löwengrube.

26 Es handelt sich um Irmgard Ebermayer (1903–1966), die unverheiratete Zwillingsschwester von Jella, die ebenfalls mehrere Jahre im Turm wohnte und mit Vegesacks Brüdern im Familiengrab auf dem Regener Friedhof beerdigt ist.

27 Vgl. Mein Junge, Gedicht XXVI, S. 52.

7 bis 12 eine Partie Schach, es war unsere „Meisterpartie", die schließlich remis ausging, mit einer sehr interessanten Stellung, die wir uns aufgeschrieben haben!
Grüß alle! Zärtliche Küsse auch an unseren Christoph und eine feste Umarmung
Dein Siegfried!

(Und Gotthard schrieb noch darunter)
Muttchen! Gleich ist es 23 Uhr. Habe Deine schlechtere Ehehälfte eben matt gemacht. Heut abend gabs herrliche Grütze mit 2 Eiern dazu! Gute Nacht!
Hzl. Grüße auch an „Großmama", Tantchen, Dicker, „moi motzi" usw! Dein „Söhnchen" Gotthard
(Als Anlage lag dem Brief ein Schreiben von Dr. Otmar Heinrich Sarnetzki bei)

Brief von Clara Nordström an Siegfried von Vegesack

Baiersbronn 30.11.1943[28]

… Dass Gotthard in Russland ist, quält auch mich Tag und Nacht. Und es verbindet mich mit dir und Bella sehr, dass ich eure Sorgen um ihn dabei spühre (sic).
Besonders fürchte ich, dass er auf der Krim eingesetzt wird. Doch, alles kann gut gehen! Und der liebe Kerl wurde schon als Kind einmal seltsam geschont: Ein Fremder fuhr mit dem Rade auf dem Wiesenpfad von der Kapelle[29], steilabwärts, wo nie jemand wahr (sic).
Der noch nicht zweijährige Gotthard riss sich von dem Fräulein los und raste auf mich zu, die ich vom Walde herauskam. Ich

28 Bayerische Staatsbibliothek, Ana 397, II, B, Nordström Clara.
29 Die Kapelle am Burganger in Weißenstein.

verstand sofort, dass er und der Mann gleichzeitig eine Stelle des Pfades erreichen würden und eine heiße Angst erfasste mich, denn der Mann konnte nicht bremsen. Da stürzte das Kind direkt vor dem Gangsteig ins weiche Gras, und in der nächsten Sekunde sauste das Rad an ihm vorbei. In derselben Stunde aber wurde Mama in Riga von einem Radfahrer überfahren. Beinahe als sollte das dem Buben abgenommen werden. Ich muss Gotthards Schicksal Gott überlassen, und nur alles, alles tun, was ich kann. Der liebe, grenzenlos anständige Kerl war so nett in Nürnberg.[30] Zum ersten Mal wurde er auch gar nicht ungeduldig. Christoph Tucher[31] war von ihm hingerissen. Das freute mich sehr! Und er wollte ihm ein Horoskop stellen, was er angeblich fabelhaft kann. Ich habe mich nie um derartiges gekümmert. – …

Brief von Clara Nordström an Siegfried von Vegesack

Baiersbronn 04. 01. 1944[32]

… Tausend Dank für jede Nachricht von unserem Gotthard!! Es ist eine große Sorge ihn so gefährdet zu wissen. Ich hörte seitdem ich das letzte Mal schrieb nichts, aber es ist ja nicht lange seitdem.

---

30 Es handelt sich um das letzte Treffen von Clara und Gotthard in Nürnberg, nachdem Gotthard noch eine letzte Nacht im Turm verbracht hatte. Vgl. Mein Junge, Gedicht XXXIV., S. 68 und Clara Nordström, Mein Leben, S. 357.

31 Christoph Freiherr von Tucher ist der Bruder von Thekla von Dall'Armi, geb. Freiin von Tucher, Claras anthroposophisch orientierter Freundin aus Bärnzell bei Zwiesel, die sie ab 1924 häufig im Turm besuchte. Sie wohnte in der Regener Straße 69. Durch sie kam Clara zur Anthroposophie.

32 Siehe Anm. 28.

Brief von Clara Nordström an Siegfried von Vegesack

Königsberg/Pr., 07.06.1944 (im Zuge)[33]

… Danke. Dank für den lieben Brief, der gestern kam! Ich werde nun gern die Verse weiterlesen … Ich freue mich sehr, dass du kommst … Die Nummer des Leutnants kann am Anfang so sein wie du vermutest. Sie können sicher erst nach einiger Zeit antworten … Ich träumte vor kurzem, dass Gotthard ins Zimmer kam, müde seine Koppel und Mütze auf einen Stuhl warf und sich neben mir auf die Kautsch (sic) setzte und sagte: „puh, das war eine harte Arbeit!“ „Was denn, Buberl?“ fragte ich. „Ich war in Weißenstein, hatte dort einiges in Ordnung zu bringen.“ Als ich weiterfragen wollte, erwachte ich …

Brief von Clara Nordström an Siegfried von Vegesack

Königsberg/Pr., 10.06.1944[34]

… Das Reich braucht uns. Und es ist sicher vielmehr in Gotthards Sinn, dass wir tapfer weiterstapfen und weiterschaffen, auch wenn bisweilen dabei die Tränen herablaufen und das Herz so schmerzt, als wolle es zerspringen.

---

33 Bayerische Staatsbibliothek, Ana 397, II, B, Nordström Clara.
34 Siehe Anm. 33.

Clara Nordström

Brief von Clara Nordström an Siegfried von Vegesack

Königsberg/z. Zt. Elisabethkrankenhaus, 14.07.1944[35]

Dank. Dank für das schöne liebe Büchlein! Die Verse sind so hübsch! Und nun hab ich auch deine Verse über den geliebten Buben alle gelesen. Es ging mir sehr nahe, doch sie beglückten mich auch. Und ich erinnerte mich an so vieles wieder …

35 Siehe Anm. 33.

Auszüge aus Briefen von Jella von Vegesack

Schon bevor Siegfried von Vegesack und Gabriele Ebermayer, genannt Jella, am 4. Juni 1940 nach einigen bürokratischen Hürden getraut worden waren, entwickelte sich eine sehr freundschaftliche, familiäre Beziehung zwischen ihr und den inzwischen erwachsenen Kindern Isabel und Gotthard. Sie erkundigte sich in Briefen an Siegfried nach ihnen und hatte auch mit beiden persönlichen Briefkontakt. Hier seien deshalb kurze Auszüge aus Briefen von Jella an Siegfried eingefügt, die sich auf Gotthard beziehen.

Brief von Jella Ebermayer an Siegfried von Vegesack am 06.03.1940[36]

Gotthard hat sehr lustig geschrieben. Ich freue mich schon auf ihn. Hoffentlich kann es Isabel doch noch möglich machen zu kommen. Ich müsste ihr auch schon längst wieder schreiben.[37]

Brief von Jella von Vegesack an Siegfried von Vegesack am 28.09.1940

Der Brief von Gotthard[38] ist sehr nett. Hoffentlich enttäusche ich ihn nicht mit einem Mädchen. Wer kann es wissen? Bis jetzt ist es für mich immer noch Christoph. Er bewegt sich mächtig

---

36 Vgl. für alle Jella-Briefe: Bayerische Staatsbibliothek, München, BSB Hss Ana 397, II B.

37 Die Bemerkung zu Isabel bezieht sich auf Vegesacks Geburtstag am 20. März.

38 Leider nicht bekannt.

und boxt mich ordentlich in die Rippen. Ich bin immer ganz glücklich, wenn er sich so kräftig meldet.[39]

Brief von Jella von Vegesack an Siegfried von Vegesack am 18.01.1941

Das freut mich, dass ihr für Gotthard gleich wieder einen Ski bekommen habt. So ein Pech ...[40]

Brief von Jella von Vegesack an Siegfried von Vegesack am 07.02.1941

Viele herzliche Grüße von Allen auch an Gotthard (meinen Bubi?!)

Brief von Jella von Vegesack an Siegfried von Vegesack am 18.05.1944[41]

Wenn wir nur bald etwas von Gotthard hören würden. Am liebsten von ihm selbst, das wäre zu schön, ich warte jeden Tag auf die Post und bin immer wieder von Neuem enttäuscht, wäre so glücklich, ich könnte Dir gute Nachricht von ihm telegraphieren.

---

39 Christoph kam am 1. Dezember 1940 in München zur Welt.

40 Gotthard hatte einen Ski zerbrochen und es wurde zum Glück ein passender Ersatz gefunden und gekauft.

41 Gotthard war schon am 30. März 1944 gefallen. Die Nachricht darüber ist datiert am 3. Mai und erreichte Clara Nordström nach dem Umweg über Baiersbronn in Königsberg erst Ende Mai / Anfang Juni 1944. Sie telegrafierte dann an Siegfried von Vegesack.

Teil 3

Barbara von Schnurbein

BUBERL

Clara Nordströms Erinnerungen an Gotthard

Zitate aus ihrer Autobiografie „Mein Leben“

Schöne und schwierige Zeiten im Turm

Am 16. Februar 1915 waren Siegfried von Vegesack und Clara, geb. Nordström, in Stockholm in der Deutschen St. Gertruds-Gemeinde getraut worden.[42] 1917 kam in Berlin ihr erstes Kind zur Welt, die Tochter Isabel. Als aber das Stadtleben und diverse Krankheiten das Leben zu schwierig machten, entschloss sich die Familie, nach Bayern umzuziehen. Zunächst kurz in die Nähe von Dingolfing, dann nach Großwalding bei Mietraching/Deggendorf[43] und schließlich nach Weißenstein. Bei ihren Ausflügen in den Bayerischen Wald waren sie auf den Turm gestoßen, den sie 1918 mit finanzieller Unterstützung von Claras Mutter für 1800 Reichsmark kaufen konnten. Nach den nötigsten Renovierungsarbeiten bezogen sie den Turm 1919.

Als Clara 1920 das zweite Kind erwartete, zeichnete sich eine schwierige Schwangerschaft ab. Sie musste viel liegen[44], nach einer dramatischen Fahrt zur Entbindung nach München überlebten sie und das Kind die Geburt am 12.6.1920, aber am 18.6.1920 starb die kleine Tochter Karin.[45]

---

42 Getraut hat sie nach dreimaligem gesetzlichen Aufgebot in der St. Petrikirche in Riga (Reg. 605/1914) der Hauptpastor von St. Gertrud, Konsistorialrat Dr. G. Sterzel, wie aus dem am 4. November 1915 ausgestellten Trauschein ersichtlich. (Vereins-Archiv Regen)

43 Dort wohnten sie bei einem Geschwisterpaar von Hafenbrädl. Aus der Familie kamen einige in Bayern und Böhmen bekannte Glashüttenbesitzer.

44 Ihr Krankenzimmer war „Afrika“, wie sie in ihren Erinnerungen bei der Nennung der Zimmernamen im Turm schreibt. Vgl. Clara Nordström, Mein Leben, S. 229.

45 Vgl. Clara Nordström, Mein Leben, S. 206 ff.

Umso größer war die Freude, als Clara 1923 wieder ein Kind erwartete. In ihren Erinnerungen schreibt sie über die Geburt von Gotthard:[46]

Als unser Töchterchen sechs Jahre alt war, kam in dem alten Turm ein unternehmungslustiger kleiner Junge zur Welt. „Buberl", wie er genannt wurde, war wenige Tage alt, als Nudelchen[47] mit der Frage neben meinem Bett erschien: „Weißt du ganz gewiss, dass du seine Mutter bist? Kann es nicht sein, dass ich es bin?" „Ich glaube wohl, es zu sein", antwortete ich. „Dafür bist du aber seine Schwester."

Getauft wurde Gotthard am 27. Oktober 1923 im Turm von dem damaligen Zwieseler Pfarrer Georg Plesch. Es hielt ihn dabei Renate Moltrecht, geb. von Pistohlkors. Sie schrieb ins Gästebuch, sie sei „aus der Einöde Hudlach[48] herübergewandert, um den kleinen lächelnden Jungen über die Taufe zu halten." Außer ihr waren noch Hamilcar Baron Krüdener und Karin von Wetter-Rosenthal dabei, möglicherweise weitere Paten.

Etwas später berichtet sie:[49]

Buberl glich Nudelchen nur äußerlich. Sein Wesen war ganz anders. Einmal, als er noch nicht sprechen konnte und ich mit ihm auf der Landstraße ging, blieb er stehen, blickte entzückt in die Ferne und fing an, so seltsame Handbewegungen auszuführen, dass ich erschrak; denn ich erfasste zuerst nicht, was sie bedeuten sollten. Es sah aus, als liebkose er mit beiden Händen jemand, aber niemand war da.

Endlich folgte ich dem Blick und entdeckte jetzt einige Kühe, die auf einer entlegenen Wiese weideten. In Gedanken streichelte er die braven Tiere.

---

46 Vgl. Clara Nordström, Mein Leben, S. 224.

47 Isabel wurde in der Familie meist Nudelchen genannt.

48 Hudlach liegt am Kaitersberg, 93480 Hohenwarth, etwa 45 Kilometer von Weißenstein entfernt.

49 Vgl. Clara Nordström, Mein Leben, S. 227-228.

Dieser gewöhnlich sehr unternehmungsfreudige Bengta-Enkel[50] *hatte mindestens eins mit seiner schwedischen Großmutter gemeinsam: Wo er sich aufhielt, fand er etwas, und oft waren es unerwartete Gegenstände: Einmal im Walde schob er kniend seine Arme bis zu den Schultern in das tiefe, blassgrüne Moospolster hinein. Als er sie wieder herauszog, hielt er in der einen Hand eine kleine Porzellanmadonna mit Jesuskind, ein volkstümliches Kunstwerk aus der Rokokozeit.*
Der Junge war so beglückt, dass es mir schwerfiel, Annerl mit der Madonna im Dorf umherzuschicken, damit der Besitzer ermittelt werde. Aber niemand, auch nicht die ältesten Bauern, erinnerten sich, die hübsche Porzellanfigur jemals gesehen zu haben.
Da wurde sie endlich ihrem kleinen Finder überlassen, der sie nun abends überglücklich in den Händen behielt und mit ihr flüsterte, bis er einschlief. Wenn ich später am Abend noch einmal nach ihm sah, fand ich sie gewöhnlich unter seiner Wange, die deutliche Druckstellen aufwies.
An einem Tage, als ich einige Briefe zu schreiben hatte, nahm ich Buberl mit mir, da er sich immer gut allein beschäftigte. Ich legte mich im Schatten unter Nußsträuchern am Rande unserer Wiese hin; denn wegen der Schwäche meines Rückens schreibe ich alles liegend.
Buberl suchte nicht lange nach Spielsachen. Er kniete sich im Grase nieder und fing an, all die Wiesenblumen einzeln zu küssen. Und da auf der Wiese viele Blumen wuchsen und keine von ihnen sich zurückgesetzt fühlen sollte, dauerte diese Beschäftigung den ganzen Vormittag.
Dann gingen wir Hand in Hand befriedigt heim. Jeder von uns hatte seine Aufgabe gut beendet.

---

50 Claras Mutter, Bengta Nordström, war eine sehr naturverbundene, gläubige Frau. Clara hat sie immer wieder in ihren Romanen als Vorbild für aktive, lebenskluge Frauen gewählt.

Der Turm erweist sich als „fressendes Haus". Zunächst hilft immer noch die Bengta-Mutter, aber nach deren Tod wird es richtig schwierig. Siegfried ist gerade in Berlin, um Arbeitsaufträge für Übersetzungen zu bekommen, als Clara eines Abends den Einfall hat, den Turm an Gäste zu vermieten. Sie inserieren und bieten den Turm als Urlaubsquartier „für Sonderlinge" an. Gäste reisten an, die aber auch neben einer guten Versorgung die Gesellschaft des Hausherrn und der Hausfrau wünschten. Clara wurde krank und war mit der vielen Arbeit überfordert, außerdem mussten sie Schulden machen. So entschlossen sie sich 1928, den Turm an die Künstlergemeinschaft Porza[51] zu verpachten und konnten selbst mit Gotthard den Winter in einem Porza-Haus im Tessin verbringen. Zu Weihnachten kam auch Isabel aus Stuttgart.[52]

Abschied vom Turm

Im Frühling 1930 musste Gotthard eingeschult werden. Die Mutter zog mit ihm nach Stuttgart, wo bereits Isabel wegen des Schulbesuchs bei einer baltischen Familie wohnte. Zu dieser Zeit hatte sich die Beziehung zwischen Siegfried und Clara schon stark verändert, Clara führte es auf ihre Hinwendung „zu Gott" zurück, durch die, wie sie meinte, ihr Mann sich „zurückgesetzt" fühlte. Siegfried sah die Ursache in ihrer starken Hingabe an die Anthroposophie, die er nicht teilen konnte. Nach dem Winter im Tessin – wo Siegfried erstmals Lea de Loeb, seine lebenslange Freundin „Nena", traf – schreibt Clara:[53]

---

51 Die internationale Künstlergemeinschaft Porza, die sich nach einem Dorf in der Nähe von Lugano nannte, gab eine Zeitschrift heraus und unterhielt Häuser in der Schweiz, in Frankreich und Deutschland, in denen die Mitglieder zu günstigen Preisen wohnen und arbeiten konnten.

52 Vgl. Clara Nordström, Mein Leben, S. 260.

53 Vgl. Clara Nordström, Mein Leben, S. 260 ff.

Im Frühling[54] musste unser kleiner Löwe[55] zur Schule, und ich zog mit ihm nach Stuttgart, wo wir ein möbliertes Zimmer gemeinsam bewohnten. Mittags gingen wir in die vegetarische Schulkantine und bestellten das Billigste, was es zu essen gab. Das zarte Nudelchen ließen wir im Hause jener Baltin, mit der sie sich so gut verstand. …
Zwischen Vän[56] und mir gingen freundliche Briefe hin und her, in welchem Lande er sich auch aufhielt. Anfangs berichtete ich ihm fast jeden Abend über unseren kleinen bayrischen Löwen, der mir Tag für Tag durchbrannte, um, wie er sagte, die fahrenden Elektrischen zu streicheln und „mit den Autos Fangerles zu spielen". Wie Letzteres zuging, entdeckte ich eines Tages mit Entsetzen: Buberl hockte sich hin, seinen Schulranzen auf dem Rücken, und hüpfte auf dem Fahrdamm der sehr steilen Alexanderstraße von der einen zur anderen Seite, wodurch die Autos, die in voller Fahrt herunterfuhren, jäh ausbiegen mussten, um nicht über ihn hinwegzurasen. Ein anderes Mal, als ich ihn lange vergeblich gesucht hatte, fand ich ihn am Eugenplatz [sic!] zualleroberst auf dem außerordentlich hohen Denkmal. Unten am Sockel stand ein empörter Schutzmann und wetterte laut auf schwäbisch. Buberl antwortete aus seiner unerreichbaren Höhe ebenso lebhaft auf bayrisch. Keiner von ihnen verstand wohl ganz den anderen, und ich verstand keinen von beiden.
Als der Schutzmann aber endlich einen freundlicheren Ton anschlug, kam der kleine Junge sofort behend herabgeklettert. Zu meiner großen Beruhigung, schüttelten sie einander unten freundschaftlich die Hand. Dabei machten sie den Eindruck, als hätte jeder von ihnen vor dem anderen eine gewisse Hochachtung bekommen.

---

54 Bis 1966/67 war der Schuljahresbeginn in vielen Bundesländern an Ostern.

55 Gotthard wurde „Löwe" genannt wegen seiner dicken blonden Haare.

56 Clara nannte Siegfried sehr bald nach ihrem Kennenlernen 1914 „Vän", was auf Schwedisch „Freund" bedeutet.

Am folgenden Tag holte ich Buberl zur Sicherheit vor dem Tor der Schule ab. Nun sollte alles gut gehen, dachte ich. Unterwegs riss er sich aber blitzschnell von meiner Hand los und stieg, ehe ich es verhindern konnte, an dem Spalier eines Hauses in die Höhe. So gelangte er mit unvorstellbarer Geschwindigkeit an ein offenes Fenster. Von dort aus nickte er Menschen zu, die im Zimmer sein mochten, und ich hörte ihn hineinrufen: „Schmeckt euch die Suppe?" – „Nein, danke, ich möchte keine!" Wenige Atemzüge danach war er wieder unten, blickte mich an wie ein Unschuldsengel und reichte mir die Hand, um artig neben mir heimwärts zu gehen.

Wenige Tage danach, als er wieder verschwunden war, entdeckte Nudelchen ihn hoch oben in einem Kirschbaum. Er aß selbst keine Kirschen, verteilte sie aber an die Vorübergehenden. Ein anderes Mal versteckte er sich in einer vollen Regentonne, und wenn jemand vorbeiging, spielte er Wasserspeier. Ich kam mir ganz so vor wie jene vielgenannte Henne, die Entenküken ausgebrütet hat und ratlos zusieht, wie sie munter im Wasser umherschwimmen. Täglich suchte ich in der sommerlich heißen Stadt meinen durchgebrannten Jungen.

Über einen anderen Tag schreibt sie, dass sie beim Abholen „nur sein Hemdchen" fand:[57]

Er selbst war wieder durchgebrannt und blieb bis zum Abend verschwunden. Dann stand er plötzlich vor der Tür, glücklich, hungrig und müde, und blickte wieder zu mir auf mit den unschuldigen Augen eines kleinen Engels, der mich ganz sicher nicht hatte traurig machen wollen.

Gotthard zeichnete und malte in dieser Zeit auch gerne mit bunten Kreidefarben. Seine Mutter erinnert sich:[58]

Zu Hause malte der liebevolle, aber unbändige kleine Junge täglich mit bunten, sehr weichen Kreiden erstaunlich schöne Bilder.

57 Vgl. Clara Nordström, Mein Leben, S. 267.

58 Vgl. Clara Nordström, Mein Leben, S. 267.

Anfangs war man in der Schule so verblüfft über sie, dass man sie ausstellen, abdrucken und über sie schreiben wollte. Es zeigte sich aber, dass die Kreidezeichnungen für eine Reproduktion nicht geeignet waren. Allmählich geriet dann das Ganze in Vergessenheit. Man gewöhnte sich daran, dass Buberl täglich seine Umgebung mit schönen Bildern, überraschenden Einfällen und manchen Schwierigkeiten in Atem hielt.

Inzwischen hatte Clara aus Geldnot auch Isabel bei sich aufgenommen, zu dritt wohnten sie in dem engen Zimmer, wodurch Reibereien zwischen den beiden Geschwistern nicht ausblieben. Clara beschreibt eine Diskussion beim Essen:[59]

Um zwischen den Kindern wenigstens beim Essen Handgreiflichkeiten zu vermeiden, ließ ich sie an je einem Tischende sitzen. Die Unterhaltung zwischen ihnen ging aber dennoch lebhaft hin und her. Heute noch meine ich zu hören, wie Nudelchen einmal ausrief: „Ätsch-pätsch, kleiner Knirps, ich bin schon allein von Stuttgart nach Lugano gefahren, und du nicht!"

Sofort kam Buberls Antwort: „Selbst kleiner Knirps! Ich bin schon allein auf einem Esel in Paris durch die Tuilerien geritten, und du nicht! Ätsch-pätsch!"

Nudelchen aber dachte gar nicht daran nachzugeben und rief: „Kleiner Knirps! Ich habe ein neugeborenes Krokodil in der Hand gehalten, und du nicht! Und mir hat ein junges Äffchen den Kopf gekrault, dir aber nicht! Ätsch-pätsch!"

Buberl gab sich noch immer nicht geschlagen. „Doch selbst Knirps!" rief er. „Mich hat in Marseille ein Neger auf dem Arm getragen, dich aber nicht! Ätschpätsch!" Ich griff ein.

An einem anderen Tag, als ich bei Tisch vor dem Essen Gott bat, die Speisen zu segnen, saß Buberl da mit weit aufgesperrtem Mund. Ich betete ruhig zu Ende, dann aber fragte ich ihn, was der offene Mund zu bedeuten habe.

---

59 Vgl. Clara Nordström, Mein Leben, S. 268.

Gotthard und Clara

Verlegen gestand er: „Ach, weißt du, Mamale[60], ich hatte schon in der Küche ein wenig von den roh geriebenen Mohrrüben gegessen, und nun wollte ich, dass auch sie etwas von dem Segen abbekommen sollten."

Die Annahme des fertigen Manuskripts von „Kajsa Lejondahl" durch die Deutsche Verlagsanstalt führt dazu, dass Clara ein „bescheidenes" regelmäßiges Monatsgehalt bekommt, was die größte Not beendet. Sie kann sogar für ihre Recherchen zum nächsten Buch eine Reise nach Schweden machen, weil Isabel bei einer Schulfreundin wohnen kann und Gotthard von seinem Klassenlehrer zu dessen eigenen fünf Kindern aufgenommen wird.

Auf dieser Reise lernt sie eine kleine christliche Gemeinschaft an der Küste des Skagerraks kennen und empfindet einen deutlichen Unterschied zu der „intellektuellen" anthroposophischen Gruppe, der sie in Stuttgart angehört. Obwohl sie

60 Eine schwäbische Koseform für Mama.

Gotthard 1938 nochmals in Blumbergshof
Auf die Rückseite dieses Fotos hat Gotthard in Sütterlin geschrieben: An der Wiege (Anm.: heute Vija, ein kleiner Fluss, der in die Gauja mündet), unserer Badestelle, 2 km von Blumbergshof entfernt mit Zomker, dem Melancholiker.

Blumbergshof

auch zu der Lehre der einfachen Fischergemeinde Fragen hat, spürt sie deutlich, dass sie sich von der Anthroposophie trennen soll. Das bringt eine entscheidende Wende in ihrem Leben.

Während Clara in Schweden ist, verbringen Isabel und Gotthard 1932 einige Sommerwochen zusammen mit ihrem Vater im Baltikum, zunächst in Riga, dann in Blumbergshof.

Gotthard lernt seine Großmutter Jenny von Vegesack, geb. von Campenhausen, noch kennen, deren 83. Geburtstag sie am 23. August feiern, ehe sie am 27. August Riga mit dem Schiff verlassen. Jenny starb noch im gleichen Jahr am 5. Dezember 1932.

Es folgt die Beschreibung einer Zugreise von Stuttgart in den Bayerischen Wald – ein Abenteuer! Clara erzählt:[61]

Dass wir auf der Reise Glasbehälter mit Laubfröschen, Molchen und einer frei umherstreifenden, nachdenklichen Schildkröte bei uns führten, war diesen tierliebenden Kindern selbstverständlich. Sie beschäftigten sich auch unablässig mit ihren Schützlingen, und ihre Freude wurde groß, als ein Junge ihnen eine Schildkröte zeigte, die Agathe hieß und die kam, wenn man sie rief. …

Agathe war dann aber doch verschwunden, kam auch auf Rufen nicht zurück, sodass alle Reisenden gemeinsam die Schildkröte suchten und sie schließlich auch fanden. Und endlich kamen sie gegen Abend auch in Regen an.

Mit Jubel umfingen die Kinder ihren Vater, den sie lange nicht gesehen hatten. Wie ein großer, fröhlicher Kamerad nahm er sich ihrer an. Mit ihnen und den Gästen zusammen schwamm er im breiten Bergbach des Waldes, spielte mit ihnen Schach und erzählte ihnen lustige Geschichten. …

Vän hatte in einem Gespräch mit Buberl im Walde dem kleinen Jungen erzählt, dass alle Kinder zuerst unter dem Herzen der Mutter wachsen, und dass die Mutter bei der Geburt starke Schmerzen ertragen muss.

61 Vgl. Clara Nordström, Mein Leben, S. 299 ff.

Unser kühnes, aber auch liebevolles Buberl weinte sehr. „Die arme Mama!" schluchzte er und lehnte sich an Vän. Gleich darauf folgte: „Und die arme Friederun!"
Buberl hoffte nämlich seit kurzem, dass eine musikalische Freundin von Nudelchen später seine Frau werde. Einmal sah ich ihn vier Knoten in sein Taschentuch machen. Als ich fragte, warum er das tue, antwortete er geheimnisvoll: „Damit ich später, wenn ich groß bin, nicht vergesse, Friederun zu heiraten."
Im Sommer 1934 wollte Clara für ihren Roman „Roger Björn" wieder in Schweden recherchieren und zwei Sommermonate auf Kalvön verbringen, einer Felseninsel im Skagerrak vor dem Küstenstädtchen Fjällbacka. Isabel war 1933 schon 16 geworden und Clara hatte sie zur weiteren Ausbildung in der Volkshochschule Ljungskile in Schweden angemeldet. Siegfried wollte auch nach Schweden kommen und mit beiden Kindern zusammen die Ferien verbringen. Clara fand auf der Nachbarinsel Dyngön ein gutes Quartier für die drei bei einer Fischersfrau. Während der Woche arbeiteten beide an einem Roman, und an den Sonntagnachmittagen besuchten sie sich, ohne dass es jedoch zu einer Veränderung ihrer Beziehung kam. Über einen unerwarteten Besuch kurz vor der Abreise mit Gotthard zurück nach Stuttgart schreibt Clara:[62]
Unterwegs erzählte Vän, dass Buberl täglich mit den Fischern zum Fang hinausfahre, und dass die Männer sagten, der lebhafte Zehnjährige leiste beinahe die Arbeit eines Erwachsenen. Ja, Vän habe mit den Männern einen freundschaftlichen Kampf gehabt, weil sie dem Kinde einen Lohn zahlen wollten. … „Und denke dir, der kleine Kerl hat schon wieder etwas gefunden! Neulich, als er tauchte, muss er bei dem starken Seegang unten und oben verwechselt haben und geriet mit beiden Händen in eine Sandbank hinein. Hochgekommen, trug er, ohne es zu bemerken, eine schmale Goldkette um den einen Arm. Ein Sommergast soll sie beim Baden

62 Vgl. Clara Nordström, Mein Leben, S. 306 f.

verloren haben. Es gelang mir, die Adresse zu erfragen, und das Kettchen ist schon unterwegs zu seiner Besitzerin."
Es folgt dann das entscheidende, schwierige Gespräch, bei dem die Scheidung beschlossen wird. Clara beansprucht auch den Turm nicht, den sie vom Geld ihrer Mutter gekauft und immer wieder repariert hatten: „Ohne dich hat das Haus für mich keinen Wert. Und du liebst es sehr. Es soll dir gehören." Siegfried dankte ihr sehr für den Turm und übernahm ihn gerne – mit der Hypothek.

Notvolle Krankheitsjahre

Wieder in Stuttgart zeigt Clara eine – wie sie meint unbedeutende – Verletzung an ihrem Schienbein einem Arzt, der entsetzt ist und meint: „Das heilt nie!" Er verordnet ihr absolute Bettruhe. Wie soll sie Gotthard versorgen? Sie findet für ihn einen Internatsplatz in Korntal und für sich selbst ein Zimmer „bei hilfsbereiten Menschen, die mir Essen ans Bett bringen ließen"[63]. Die Wunde heilte wirklich nicht trotz verschiedener Therapien. Zu Weihnachten 1934 sollte Gotthard nach Weißenstein fahren zu seinem Vater und Isabel.
Clara erinnert sich:[64]
Buberl schüttelte seinen blonden Kopf, der immer eigene Gedanken hervorbrachte, und legte mir zum Lesen einen Brief auf die Bettdecke. Ich las: „Lieber Papa und liebe, alte Nudel! Glaubt ja nicht, dass ich euch nicht lieb habe und dass ich nicht kommen möchte! Aber Mamale ist so krank! Deshalb will ich doch hierbleiben und ihr ein schönes Weihnachtsfest bereiten!" …
Die freundliche Familie, bei der ich wohnte, nahm für die Ferien auch Buberl bei sich auf. Er konnte gut auf meiner zweiten Liege an der anderen Wand des großen Zimmers schlafen.

---

63 Vgl. Clara Nordström, Mein Leben, S. 314.
64 Vgl. Clara Nordström, Mein Leben, S. 314.

Es wurde ein wehmütig schönes Fest. Von einer liebenswürdigen Norwegerin, die wir auf der Heimfahrt nach Deutschland kennengelernt hatten, waren an Buberl in die Schule 5 Mark gekommen. Davon sollte er mir heimlich eine besonders schöne Topfpflanze zu Weihnachten besorgen.
Noch sehe ich den Elfjährigen vor mir im Zimmer stehen, die eine Hand in der Tasche um das Geld geschlossen. Gewissensskrupel hatte er, weil er mir das Geheimnis verraten wollte. Endlich fragte er doch, ob ich mich nicht viel mehr freue, wenn er nur für eine Mark ein „Fleißiges Lieschen" besorge und für drei Mark Mandarinen. Er rief aus: „Dann hätten wir Obst zum Fest, Mamale! Und eine Mark bliebe für Tannenzweige übrig, mit denen ich das ganze Zimmer schmücken könnte!"
Ich stimmte ihm beglückt zu. Das „Fleißige Lieschen" wurde von ihm gekauft, und noch nie haben Mandarinen uns so sehr erfreut. Wenn ich später solche Früchte sah, musste ich jedes Mal an unser Weihnachtsfest zurückdenken. Mit den mächtigen, leuchtend grünen Edeltannenzweigen wurde das Zimmer ganz unerwartet schön.
Als Weihnachtsgeschenk wünschte Buberl sich seit langem nur ein Bild von Karl May. Einmal hatte er im Übermut ausgerufen: „Diese Schande! Beide Eltern schreiben, aber keiner von ihnen schreibt wie Karl May!"
Einige Wochen vor Weihnachten hatte ich mich deshalb mit einem Brief an Karl Mays Verleger gewandt und ihn um ein Bild gebeten. Die Rechnung möchte man beilegen.
Eine große Papierrolle mit dem Bilde kam, aber keine Rechnung. Ich hatte einen Skianzug für meinen treuen kleinen Kameraden bestellt, das Bild freute ihn aber weit mehr. Farbig war es und beinahe einen Meter hoch. Es zeigte einen angenehm aussehenden alten Herrn mit vollem weißem Haar. Darunter stand eine Aufforderung, seine Bücher zu lesen.
Jubelnd sprang der Junge damit im Zimmer umher. Plötzlich blieb er stehen und rief: „Wo ist ein Platz, würdig genug für dieses Bild?" Er suchte an den Wänden. Schon bangte ich ein wenig.

Clara Nordström 1935 vor dem unterhalb
der Burg Weißenstein gelegenen Obermeier-Haus

Da war sein Entschluss gefasst: „Über deinem Bett!“ rief er und warf mir einen Blick zu, der eine liebevolle Auszeichnung bedeutete. Später, in einer anderen Wohnung, schlief Clara über ein Jahr direkt unter Karl Mays Bild, *doch es hat meinen Schlaf nie gestört.* Kurz nach Weihnachten war klar, dass weder Siegfried noch sie die Schule länger bezahlen konnten. Gotthard zog ganz zu ihr in das Zimmer, er half ihr, den kleinen Haushalt zu führen, denn die Wunde wurde immer größer. Sie musste immer liegen und erinnert sich:[65] *In Deutschland geschah damals viel, doch nur wenig davon drang zu mir in die Krankenstube. Ich lebte mit Buberl, mit „Roger Björn“ und mit Gott.*

Sie bringt Gotthard bei, wie man Pfannkuchen backt – das Umdrehen in der Luft macht ihm Spaß – und er schreibt sich Einkaufszettel. Damit sie ungestört schreiben kann, lässt sie ihn ein kleines Schachspiel kaufen.[66] *Dann konnte er seinen orangeroten Osterhasen mit den sehr langen Ohren, den er heiß liebte, und sein Wollhundchen, das sich durch einen Knopf am Rücken überreden ließ, den Kopf zu schütteln oder zu nicken, miteinander Schach spielen lassen. Er selbst musste die Schachzüge für sie tun. Das gefiel ihm sehr, und es verschaffte mir manche ruhige Stunde. Im Stillen hoffte ich auch, dass diese Art zu spielen unmerklich den Gerechtigkeitssinn des Jungen noch stärke. Einmal stand er aber hilflos vor mir und rief: „Mamale, ich verstehe gar nicht, wie das kommt: Der Osterhase gewinnt beinahe immer!“*

Trotz ihrer Beinwunde schreibt Clara liegend weiter, 1935 erscheint „Roger Björn“. Als es ihr noch schlechter geht, muss eine andere Lösung für Gotthard gefunden werden: Er wechselt 1935 in ein Internat, die reformpädagogisch orientierte Urspringschule in der Nähe von Ulm. Clara wird gebeten, Lesungen für Frauen zu halten, später auch immer mehr Vorträge. Sie nimmt die Einladungen trotz ihrer Beinbeschwerden

---

65 Vgl. Clara Nordström, Mein Leben, S. 317.

66 Vgl. Clara Nordström, Mein Leben, S. 318.

Horst von Raben (1920–2010)

Urspring-Abiturienten 1939
Vorne rechts (dunkle Hose) H. von Raben

an. Sie reist in ganz Deutschland herum und ist oft am Ende ihrer Kraft. Um sich zu erholen, fährt sie in den Bayerischen Wald, wohnt zunächst im Turm und zieht dann in das unterhalb gelegene Häuschen des Nachbarn Obermeier, das heute noch immer dort steht. Endlich heilt nach Jahren die Wunde am Bein! Immer häufiger ist sie unterwegs. Aus Kostengründen gibt sie ihr Zimmer in Stuttgart auf. Die Möbel stellt sie bei verschiedenen Bekannten unter.

Gotthards letzte Schule und Militärzeit

Nachdem Gotthard – wohl auch aus Kostengründen – in die Urspringschule gewechselt hatte, fand er wohl einen besonderen älteren Schüler als Kameraden, von dem er verschiedene Fotos in seinem kleinen Schulfotoalbum aufbewahrt hat: Horst von Raben, der möglicherweise sein „Tutor" war. Er machte 1939 Abitur, wurde Soldat, kämpfte in Stalingrad, wurde verwundet ausgeflogen und kam in französische Gefangenschaft. Nach dem Krieg heiratete er.

Sein Sohn Ulrich von Raben kaufte und sanierte Schloss Eichbichl im Landkreis Ebersberg, wo auch sein Vater bis zu seinem Tod lebte. Wenn er von seiner Schulzeit erzählte, hat er sich immer wieder gerne auch an Gotthard erinnert.[67]

Als Clara auch in der Urspringschule einen Lichtbildervortrag hält, erzählt Gotthard ihr, dass er gar keine Antwort geben kann, wenn seine Mitschüler ihn fragen, wo er zu Hause ist. Ohne zu wissen, wie es geschehen kann, verspricht sie ihm, bald ein eigenes Häuschen zu bauen. Zu Weihnachten fährt sie mit Gotthard in den Schwarzwald.

In Baiersbronn möchte der Bürgermeister eine Künstlerkolonie bauen und hilft ihr, ein geeignetes Grundstück und einen Ar-

---

67 Herzlichen Dank an seine Schwiegertochter Rea von Raben für ihre hilfreichen Auskünfte.

chitekten zu finden. Schneller als erwartet beginnt 1938 der Bau und 1939 kann sie schon einziehen. Als der Krieg beginnt, reist sie weiterhin viel kreuz und quer durch Deutschland, um Lesungen für verwundete Soldaten und die immer mehr vom Krieg geplagten Menschen zu halten. Gotthard hatte sich nach seinem „Kriegsabitur" 1940 mit 17 Jahren heimlich zu den Fliegern gemeldet und war angenommen, aber nicht einberufen worden. Wie Siegfried an Kubin schreibt[68], musste er vorher 1940 zum Arbeitsdienst nach Ostpolen. Zu Weihnachten besucht er seine Mutter in Baiersbronn, kann aber nur drei Tage bleiben. Er wechselte zu den Fallschirmjägern, weil die Ausbildung bei den Fliegern ihm zu lange dauerte. Clara notiert nur kurz:[69]

Buberl kam zum erstenmal zum Einsatz bei den Kämpfen um die italienische Hauptstadt. Als er ein neues Lichtbild aus Rom sandte, erschrak ich über den tiefernsten, wissenden Ausdruck in dem kindlichen Gesicht.

Über seine Militärzeit konnte leider nicht viel Persönliches gefunden werden. Gotthard wurde als Fallschirmjäger der Einheit 14. Kompanie des Fallschirmjäger-Regiments 7 zugeteilt und in Frankreich, in Italien und auf Elba eingesetzt.[70] Die Gegend um Kirowograd und Ananjew (heute Ananjiv) passt nach Recherchen zum Frontverlauf im Winter und Frühjahr 1944. Am 5. Januar begann die Offensive der 2. Ukrainischen Front unter General Ivan Konew[71], der am 8. Januar Kirowograd (seit

68 Vgl. Rolf Rieß, Alfred Kubin und Siegfried von Vegesack, S. 81, Brief vom 17.3.1940 an Kubin.

69 Vgl. Clara Nordström, Mein Leben, S. 356.

70 Lt. Auskunft der Deutschen Dienststelle (WASt, 1300 Berlin) vom 22. Juni 2015 an Dr. Friedrich Koch.

71 Iwan Konew (1897–1973) war General im 2. Weltkrieg, ab Februar 1944 Marschall der Sowjetunion. Bekannt wurde er durch die Befreiung des KZ Auschwitz am 27. Januar 1945. Am 16. April eröffnete er die Schlacht um Berlin, die dann von Marschall Schukow fortgesetzt wurde. Am 9. Mai 1945 besetzte Marschall Konew Prag.

Lichtbild aus Rom

Gotthard und Isabel, etwa 1939

Juli 2016 Kropywnyzkyi) nach erbitterten Kämpfen einnahm. Gegenüber stand die 8. Armee der Heeresgruppe Süd unter General der Infanterie Otto Wöhler. Am 28. Januar gelang es der Roten Armee, sechs deutsche Divisionen im Kessel von Tscherkassy einzukesseln. Nach sowjetischen Angaben wurden im Kessel 55.000 deutsche Soldaten getötet und 18.000 gerieten in Gefangenschaft. Insgesamt waren es während der gesamten Operation 82.000 Tote und 20.000 Gefangene. Nach deutschen Angaben gelang 40.000 Soldaten der Ausbruch und „nur" 19.000 starben.

In Brest (heute Weißrussland) geriet das Regiment 7 im September 1944 in Gefangenschaft. Es wurde später in den Niederlanden neu aufgestellt. Alle diese Informationen werden durch Einträge im Lexikon der deutschen Wehrmacht bestätigt.[72]

Die Feldpostnummer der 14. Kompanie war L52536. Auch das stimmt mit der Notiz überein, die Siegfried von Vegesack sich auf der Rückseite einer Urkunde für den Gefreiten Gotthard von Vegesack machte:[73] L 52534 LGPA München II, durchgestrichen ist dort L 49009 LGPA Posen, wo Gotthard vorher einmal stationiert war.

Zu diesen Angaben passt auch, dass der letzte Brief von Gotthard an Weihnachten 1943 aus der Gegend von Kirowograd[74] kam, wo dann am 5. Januar 1944 die Russen ihre große Offensive begannen.

---

72 http://www.lexikon-der-wehrmacht.de/Gliederungen/Fallschirmjagerregimenter/FJR7.htm am 8.11.2017.

73 Bayerische Staatsbibliothek, Ana 397.III.10, Verleihungsurkunde vom 10. Sept. 1942 an den Gefreiten Gotthard von Vegesack, siehe S. 119.

74 Brief von Siegfried von Vegesack an Kubin vgl. Anmerkung 68 und Claras Erinnerung vgl. Anm. 69.

Ein letztes Wiedersehen

Bevor Gotthard nach Russland verlegt wurde, kam er für eine Nacht in den Turm. Sein Vater war leider so krank und müde, dass er einschlief und erst aufwachte, als Gotthard sich schon auf den Weg machen musste. Das hat er später sehr bedauert und auch in „Mein Junge“[75] beschrieben.

Gotthard fuhr nach Nürnberg, um dort Clara zu treffen und sich auch von ihr zu verabschieden. Isabel hatte sie in einem Telefonat benachrichtig. Clara schreibt über das Treffen:[76]

Als ich um Mitternacht Nürnberg erreicht hatte, kam mir in der Hotelhalle ein junger Hüne entgegen. War das Buberl? Hatte vielleicht die südliche Sonne den Jungen so sehr wachsen lassen? Sein Gesicht war noch immer das eines Kindes, aber eines Kindes, an dem der Tod ganz nahe vorbeigegangen ist und das um seine schwere Verantwortung weiß.

Einen Tag durften wir zwischen den Ruinen von Nürnberg zusammen sein. Ein letzter Tag! Halbverhungert und schwindelig vor Schwäche stützte ich mich auf Buberls Arm. Dabei musste ich nach oben greifen, denn er war nun einen Kopf länger als ich selbst. Im Hotel verabschieden sie sich, nachdem Clara ihm noch Geld für einen Kameraden mitgegeben hat: *Einige Herzschläge lang stand er noch beglückt in der Mitte des Zimmers, von der Deckenlampe hell beleuchtet und die Hand zum Gruß an die Mütze gelegt. Strahlend und warm umfing mich sein Blick. Dann war er fort.*

Vegesack schreibt an Kubin:[77] *Sein letzter Brief war von Weihnachten, aus einem Erdloch östlich von Kirowograd. Wenn er nur heil herauskommt …*

---

75 Gedicht XXXIV, siehe S. 68.

76 Vgl. Clara Nordström, Mein Leben, S. 357.

77 Vgl. Rolf Rieß, Alfred Kubin und Siegfried von Vegesack, S. 94, Brief vom 28.1.1944.

Gotthard, 1941

Am 31. März fiel im Osten unser lieb. Sohn, Stiefsohn, Bruder, Schwager und Onkel

Gotthard von Vegesack

aus d. Hause Blumbergshof, Obgefr. in einem Fallschirm-jäger-Regt.,

geboren 15. September 1923.

Siegfried v. Vegesack, z. Zt. Wehrmacht; Clara v. Vegesack-Nordström; Isabel Häußler, geb. v. Vegesack; Gabriele v. Vegesack, geb. Ebermayer; Christoph von Vegesack; Marinestabsarzt Dr. Georg Häußler; Christel und Friedel Häußler.

Weißenstein im Bayerischen Walde. Baiersbronn im Schwarzwald.

Gotthards Todesanzeige
Deutsche Allgemeine Zeitung, 4.6.1944

Clara schreibt darüber:[78] *Kurz nach Neujahr, im Schwarzwalddorf, kam von Buberl als Brief nur ein Zettel, der viele Flecken hatte von Erde und Wachs. In der Weihnacht hatte er ihn geschrieben, allein in einem Erdloch. Dort in einem großen Walde hielten sich deutsche Soldaten einzeln und in weiten Abständen voneinander auf. Vor sich ganz nahe wusste er die Russen, hinter sich die Partisanen. … Warmes Essen hatte er seit vier Wochen nicht mehr gehabt.*

Gotthard fiel als Obergefreiter der Einheit 14. Kompanie Fallschirm-Jäger-Regiment 7 am 30. März 1944 bei Ananjew[79] nahe Petrowka in der Ukraine. Clara wurde durch einen am 3. Mai 1944 datierten Brief von Feldwebel Georg Helwig über Gotthards Tod und die näheren Umstände seines „Heldentodes" informiert.[80] Er wurde ihr aus Baiersbronn nachgeschickt nach Königsberg, wo sie seit dem Frühling 1944 aus ihren Büchern im Rundfunk vorlas. Zunächst begriff sie kaum, was sie gerade gelesen hatte. Irgendwo musste doch stehen, dass das alles nicht wahr sei und Gotthard selbstverständlich am Leben war! Sie schickte ein Telegramm mit der schrecklichen Nachricht an Siegfried und Isabel in den Turm. Die Todesanzeige (Originalgröße 7 x 4 cm) erschien mit Todesdatum 31. März 1944 am 4. Juni 1944 in der Deutschen Allgemeinen Zeitung.[81]

78 Vgl. Clara Nordström, Mein Leben, S. 360.

79 Heute ukrainisch: Ananjiw, circa 160 Kilometer nördlich von Odessa.

80 Siehe Seite 15.

81 Vgl. Bayerische Staatsbibliothek München, Ana 397,III,10 für Todesanzeige und Verleihungsurkunde, S. 117 und 119.

Verleihungsurkunde

Ich verleihe dem

Jäger

Gotthard von V e g e s a c k

das Abzeichen für

Fallschirmschützen

Berlin, den 10. September 1942

Der Reichsminister der Luftfahrt
und Oberbefehlshaber der Luftwaffe
I. A.:
Der Chef des Luftwaffenpersonalamts

General der Flieger

Nr. [illegible] IX /42

Gotthards Totenbrett

An der Kapelle in Weißenstein wurde für Gotthard – wie es im Dorf üblich war – ein Totenbrett angebracht. Irgendwann wurde es erneuert und das alte später dem Verein übergeben. Es hängt in der Dichterstube im Erdgeschoss des Turms und trägt neben dem Namen und den Lebensdaten das Gedicht XXX. aus dem Nachruf-Zyklus „Mein Junge" von Siegfried von Vegesack:[82]

Gotthard
von Vegesack
geb. 15.9.1923 in Weißenstein
gefallen 30.3.1944 im Osten

Die Ähren sinken,
wenn das Korn sich neigt,
Die Blüte fällt, wenn Frucht
aus ihrem Schoße steigt.
Und alles wächst
und möchte sich vollenden.
Du aber bist gefallen vor der Zeit:
Du musstest ohne Frucht,
mit leeren Händen
Dich selbst verschwenden.
Und bleibst nun jung
in alle Ewigkeit.

82 Vgl. Gedicht XXX, Seite 63.

Volkhard
von Vegesack
Geb. 15.9.1923 in Weißenstein
Gefallen 30.3.1944 im Osten

Editionsbericht

Der Nachruf Siegfried von Vegesacks für seinen gefallenen Sohn Gotthard, „Mein Junge“, entstand innerhalb von knapp zwei Wochen im Juni 1944. Er erschien 1948 einmalig im Robert Mölich Verlag in Hamburg und ist seit vielen Jahren vergriffen. 70 Jahre später, in einer Zeit, in der wir uns mit Kriegen in vielen Erdteilen auseinandersetzen, erscheint es angebracht, diesen persönlichen Gedicht-Zyklus erneut zu publizieren. Anlass ist der 130. Geburtstag von Siegfried von Vegesack am 20. März 2018, den der Verein gemeinsam mit den Schülerinnen und Schülern, den Eltern und den Lehrkräften der Siegfried-von-Vegesack-Realschule in Regen feiern wird. Die Kooperation bei der Vorbereitung zeigte, dass Vegesack in vielerlei Hinsicht für junge Menschen durchaus interessant sein und ihnen Orientierung geben kann.

Zugrunde gelegt wurde für den Neudruck von „Mein Junge – Ein Nachruf“ das im Vegesack-Archiv Regen lagernde Manuskript des Autors. Darin ist das Gedicht XXVIII enthalten, das in der Ausgabe von 1948 fehlt.

Eine weitere wichtige Quelle war die Autobiografie von Gotthards Mutter, Clara Nordström, „Mein Leben“, aus der man einen Eindruck gewinnen kann, wie kreativ, einfallsreich und aktiv Gotthard war, obwohl sein Leben schon als Kind keineswegs einfach war. Trotz der Trennung der Eltern, der Schulzeit in verschiedenen Heimschulen und der oft bedrückenden Armut, die viel Improvisation verlangte, blieb er Menschen zugewandt und zuversichtlich, ließ sich aber wohl auch anstecken von der Begeisterung seiner Mutter für die Ideen des Hitlerregimes und der nationalen Stärke – was für ihn bedeutete, sich mit 17 Jahren freiwillig zum Kriegsdienst zu melden.

Die Rechtschreibung der Texte und der Briefe von Siegfried von Vegesack, Clara Nordström und Jella von Vegesack wurde weitgehend belassen, nur offensichtliche Schreib- oder Tippfehler in Manuskripten wurden korrigiert oder mit (sic) gekennzeichnet. Im Übrigen wurde die neue Rechtschreibung angewandt.

2016 erhielt der Förderverein ein Paket mit Dokumenten, Fotos und Büchern aus Privatbesitz für das Archiv. Dafür sei den Gebern sehr herzlich gedankt, die Fotos aus Gotthards kleinem Lederalbum zur Schulzeit bereichern die Texte dieses Bandes. Rolf Rieß danke ich für wertvolle Hinweise auf Quellentexte und viele hilfreiche Ratschläge, Dr. Friedrich Koch für seine Recherchen zum Todesort von Gotthard. Hans-Martin Meth sei gedankt für seine Hilfe bei der Suche im Archiv der Urspringschule und der Bayerischen Staatsbibliothek für die freundlichen Abdruckgenehmigungen.

Mein ganz besonderer Dank gilt dem *lichtung verlag*, besonders Kristina Pöschl und Eva Bauernfeind für die so konstruktive, gute Zusammenarbeit, für ihre Gestaltungsvorschläge und ihr Lektorat.

Quellenverzeichnis

Deutsche Dienststelle (WASt), 13400 Berlin, Schreiben vom 22.06.2015 an Dr. Friedrich Koch
zu Todesdatum und Grablege von Gotthard von Vegesack

Hellwig, Georg, Benachrichtigung über Gotthards Tod, Brief an Clara Nordström vom 3. Mai 1944, Vegesack-Archiv Regen

Nordström, Clara, Mein Leben, Kerle Verlag, Heidelberg 1957

Rieß, Rolf, Weißensteiner Miniaturen Band 1, Alfred Kubin und Siegfried von Vegesack – Briefwechsel, edition lichtung, lichtung verlag, Viechtach 2017

von Vegesack, Siegfried, Briefe, hrsg. von Marianne Hagengruber, Morsak-Verlag, Grafenau 1988

von Vegesack, Siegfried, Mein Junge – Ein Nachruf, Robert Mölich Verlag, Hamburg 1948

von Vegesack, Siegfried, Mein Junge – Ein Nachruf, Manuskript im Vegesack-Archiv Regen
Dieses Manuskript ist Grundlage des Textes in diesem Band.

von Vegesack, Siegfried, Nachlass in der Bayerischen Staatsbibliothek München, Ana 397
Dokumente Gotthard Ana 397.III.10
Briefe von Jella Ana 397.II B

Wintersteiner, Marianne, Das Glanzlicht – Clara Nordströms Lebensroman, Eugen Salzer-Verlag, Heilbronn 1988

www.lexikon-der-wehrmacht.de/Gliederungen/Fallschirmjagerregimenter/FJR7.htm

Bildnachweis

Bayerische Staatsbibliothek München
Todesanzeige S. 117: BSB Ana 397.III.10
Urkunde S. 119: BSB Ana 397.III.10

Vegesack-Archiv in Regen
Alle anderen Dokumente und Fotografien.